广东现当代画家小传·国画卷

蝉与我心清

|赵少昂小传|

ZHAO SHAO ANG XIAO ZHUAN

李德南 著

嶺南美術出版社
中国·广州

图书在版编目（CIP）数据

蝉与我心清：赵少昂小传 / 李德南著. — 广州：岭南美术出版社，2015.8
(广东现当代画家小传. 国画卷)
ISBN 978-7-5362-5494-7

Ⅰ. ①蝉… Ⅱ. ①李… Ⅲ. ①赵少昂(1905～1998)—传记 Ⅳ. ①K825.72

中国版本图书馆CIP数据核字(2014)第162472号

责任编辑： 李 颖 王效云 杨 靖 周章胜
责任技编： 罗文轩 谢 芸
装帧设计： 杨易欣

蝉与我心清：赵少昂小传
CHAN YU WO XIN QING ZHAO SHAOANG XIAOZHUAN

出版、总发行： 岭南美术出版社（网址：www.lnysw.net）
（广州市文德北路170号3楼 邮编：510045）
经　　销： 全国新华书店
印　　刷： 雅昌文化(集团)有限公司
版　　次： 2015年8月第1版
2015年8月第1次印刷
开　　本： 787mm×1092mm 1/16
印　　张： 8.5
ISBN 978-7-5362-5494-7
定　　价： 38.00元

编委会

主 任 顾作义

副主任 程 扬 吴伟鹏

主 编 李劲堃

副主编 许永波 李健军 熊育群 李清泉

编 委 刘金华 王 永 李若晴 陈 迹

王 艾 戴 和 谢海宁 李 颖

序

回顾20世纪中国美术发展史，中国画的现代转型与“新国画”运动密不可分。发端于广东的岭南画派在这场“新国画”运动中起到极其重要的作用，以高剑父、高奇峰、陈树人等为代表的岭南画派，以革命性、创新性的新思路，折衷中外、融汇古今，注重现实关怀、题材开拓和表现手法的多样性，开启中国现代绘画的新风气，极大地推进了中国美术的现代化进程。

继“二高一陈”后，以关山月、黎雄才、赵少昂、杨善深等为代表的艺术家，更是把岭南画派发展到一个新的高度，并卓有成效地拓展了现代美术教育体系，使岭南地区迅速成为新中国美术教育基地之一，培养了许多影响21世纪中国美术进程的画家。他们继承和延续岭南画派的艺术精神，践行着创新和发展的道路，使广东成为中国美术教育与创作的重镇。

在对中国美术发展史的研究中，岭南画派一直是被关注的，但系统完整的广东现当代画家传记著述却较少见到。梳理这些画家的人生经历，再现他们的探索过程，总结他们的创作思想，对于推动广东美术创新发展，增强广东文化自觉与文化自信有着重要意义。为此，我们编辑出版《广东现当代画家小传》丛书。

丛书根据艺术成就及社会影响力甄选了20多位现当代画家作为传主，以文学性的叙事方式讲述艺术家活动及经典作品背后的故事，使读者重回那段令人荡气回肠的岁月。丛书遵循从史到论，论从史出，通过文学家的艺术剪裁，注重围绕史料开展研究，力求科学严谨地再现各位传主的生平经历、创作历程、学术贡献和历史影响。丛书资料翔实、图文并茂，大量由家属提供和从档案中查阅到的第一手资料更为珍贵。

对岭南近现代画家的资料进行收集与整理，是广东地域美术研究的基础性工作。丛书的出版将极大地丰富画家档案及文献资料，为广东画家的相关研究奠定基础，更好地促进广东美术繁荣发展。

目录

一/ 少小而立　昂扬向上

公历 1905 年 3 月 6 日，农历乙巳年二月初一，中国民间俗称这一天为中和节，又称龙抬头，象征着春回大地、万物复苏。唐代著名诗人白居易有诗云："二月二日新雨晴，草芽菜甲一时生；轻衫细马春年少，十字津头一字行。"新雨过后，春天来了，草木复生，虫兽苏醒，处处生机盎然，充满新希望。

就在这一天，广州番禺沙园里（今属广州海珠区）的一户赵姓人家，一个男婴出生了。他的哭声是那么的响亮，连屋后竹枝头上的一群小鸟都听到了。它们仿佛听懂了风中传来的喜讯，也在枝头唱起了祝贺新生儿的歌谣。

这一赵姓人家的户主叫赵克端。他抱着初生的儿子，满脸喜悦之情，刚生产完的妻子陈钻好看着丈夫怀里白胖的儿子，也心满意足地笑了起来。

"阿好，你辛苦了，快看我们的仔仔，眼睛碌碌，好精灵，好活泼，似十足你哦。" 赵克端望着陈钻好温柔地说道。

"他也似你呢。"

夫妇俩的目光都定格在了新生婴儿身上。赵克端向来勤劳顾家，待人亲切友善，对于这个刚刚出生的孩子，自然是非常疼爱的。刚刚经历了初为人母的痛苦与喜悦的陈钻好就更不用说了，她真希望自己能从丈夫的怀里把婴儿接过来抱一抱，但此时此刻，她的身体还是那么虚弱。

他们都希望，这个刚刚出生的孩子能有一个美好的人生。日后，他也果真没有辜负父母的疼爱，一路奋发向上，成为岭南画派的大师。

他，就是赫赫有名的艺术家赵少昂先生。

时间在流逝，这个孩子也在一天天地长大。变化是在不知不觉中发生的。仿佛一切都是在混沌中开始，然后逐渐变得清晰。幼年的赵少昂还没进书塾，就显露出了过人的艺术天赋。当他的兄弟姐妹们正在追逐疯玩，自由自在地享受童年的美好时光时，他却显得有点"不合群"，常常独自蹲在屋后那片竹林边，拿着

天上飞来两三鸟 1985 年 30 cm×38 cm

一根竹枝在泥地上乱画。调皮的哥哥有时会跑过来捣乱，把他的画踩掉，甚至嘲笑他：

“阿亘，你画得好丑啊，别再画了，过来同我们一起玩啦！我们去捉蜻蜓、捉蜗牛吧。”

那时候，人们还没有开始叫他赵少昂，父母给他取的是另一个名字：赵亘。赵亘才是他的原名。备受打扰的他似乎刚刚从另一个世界中走出来，那是一个充满神奇的想象的世界，他还找不到合适的方式去表达。然而他能感觉到，里面有吸引他的所在。等他的哥哥走远了，他又开始沉浸其间。他拿着竹枝，尝试在地上画那正在欢快地歌唱着的小鸟，也尝试着画天上的流云，画他的哥哥们试图捉住的蜻蜓。他在为那些蚯蚓般的线条而着迷，为那个充满童真的、有趣的世界而着迷。

赵亘在家里一直受到宠爱。他的父亲赵克端喜欢带着儿子出去玩，既带他，也喜欢带他哥哥。这两个孩子，都是他特别疼爱的。他是一位幸福的父亲。

慢慢地，赵克端开始发现赵亘有画画的爱好。有一天，赵克端特意买来了文房四宝，放在桌子上，疼爱地摸着赵亘的头说：

“亘仔，以后画画就画在纸上咯。”

红蜻蜓弱不禁风 年份不详 30 cm×37.5 cm

赵亘呢，先是好奇地拿着毛笔瞧了瞧，又在父亲的指引下，试探地蘸了些黑墨，在白纸上画下了第一笔。于是，雪白的纸上突然多了一道颜色，尽管那只是朴素的黑色，在那一瞬间，他却仿佛被某种神奇的感觉震住了。于是又画了第二笔，第三笔……他越画越快乐，甚至忍不住笑出声来了。第一笔有些僵硬，缺乏生命的气息，后面的，就变得柔软许多，乍一看去，就像是刚刚从泥土里钻出来的蚯蚓。这让小赵亘觉得很神奇，很不可思议。他笑得更灿烂了，纸上的“蚯蚓”也越来越多，最终，一个黑白分明的世界铺陈在他的面前。小赵亘的涂画虽然笔法凌乱，线条笨拙稚嫩，但潜藏在他身上的才能和天赋还是显而易见的。看着小赵亘那快乐的表情，还有他的第一幅“画作”，赵克端心里想，这文房四宝可真是买得及时。

转眼间，那个在家里乱涂乱画的小赵亘已满 7 岁，到了上学堂的年龄。有一天吃饭时，赵克端望着妻子说：“是时候送亘仔去上学堂了。”

“感觉他还小呢，要不要再等等？”

“不早了。明年吧，明年就去。亘仔这么聪明，肯定没问题的。”

第二年，赵亘果真就被送到当地祠堂里的私塾读书。对于刚开蒙的儿童来说，能上学是一件新鲜而使人快活的事情。上学的第一天，私塾里的老先生摇头晃脑地领着大家读："人之初，性本善……"赵亘也摇晃着小脑袋跟着朗声读了起来。

中国传统文化的种子，就这样播入了他的心田，在不易觉察的时光中悄然发芽，等着破土而出……

第二天，私塾里的先生为阿亘推算五行，认为他命中缺土，应给"亘"字补上偏旁"土"，于是阿亘的学名由"赵亘"变成了"赵垣"。先生将名字用毛笔写在纸上，让小阿亘自己练习描红。老师对坐在小板凳上的小赵亘说："以后你的名是'垣'，'叔仪'是你的字，可要识得写自己的名字呀，写错了要被人笑掉大牙的。"

听完先生的话，小赵垣开始认认真真地照着先生的字描画起来，他在心里想："我可不要被人笑不识字啊。"

小赵垣爱描字，更爱画图画。经常是先生让他们习字的时候，小赵垣就开始涂画他的作品。有一天，在私塾里，他偷偷地在描字的纸上画了一

蝴蝶向阳花 1957年 137 cm×49 cm

碧水澄明鱼自适 1955 年 61 cm×106 cm

条鱼。画完后，左看右看，都觉得很好。正为之得意时，没想到由于兴奋过度，一个趔趄从长条凳上跌了下来。他的位置刚好在楼梯边缘，结果直接从楼梯上翻滚了下去。同学们被“咚——砰砰”的响声给惊动了，一时忘却了先生的威严，一窝蜂地跑去看才发现，原来赵垣跌落楼底了！更搞笑的是，他手里还抓着纸上画的那条“鱼”。那时候，教书的先生还在讲台上读书呢，轰然发出的阵阵笑声把他引了过来。他这才知道发生了什么事。先生既生气，又觉得很好笑。他真是一个天生的小“画痴”呀。无怪乎小赵垣在私塾里，图画科是名列第一的！连私塾先生对他的画都赞许有加，说他在绘画方面是“天分高人一等”。

在经历许多沧桑变幻后，到了晚年，赵少昂依然常常回忆起这些童年趣事。这是多么快乐的童年，他十分感激当时先生对他的肯定和鼓励，也一直记得先生的威严和笑容。回想起来，就好像在早春里见到一抹阳光，那是带着暖意的。

然而，幸福的日子，不是时刻都有。他的童年岁月，也并非没有阴霾。1913年对小赵垣一家来说是令人悲痛的一年。赵家的长子赵叔燊，也就是小赵垣的哥哥，不幸因病早逝。这对向来疼爱孩子的赵克端来说是非常大的打击。由于思子成疾，不久赵克端也病倒在榻。面对哥哥的早逝，父亲的病患，母亲的痛哭，小赵垣除了悲伤，也开始逐渐体会到人生的无奈、无常与凄苦。更令人难过的是，他的父亲竟然没能熬过这段艰苦的日子，在同一年病逝了。作为家中仅剩的男丁，照顾母亲和妹妹的责任落在了小赵垣的肩上，他仿佛在一夜之间长大了许多。

小时候调皮捣蛋，经常“阻挠”他画画的哥哥就这样远去了，疼爱他的父亲也不见了，只留下他们孤儿寡母几个。一个小康之家就此开始衰落，他们的生活

静读 年份不详 30 cm×38 cm

过得清贫而艰辛。赵垣的母亲为了能让儿子有读书的机会而辛苦地帮别人做工，终日缝补和洗衣服。这样每月可挣得 3 ~ 4 元钱，除了开销，所剩的其实已非常少。很有限的余钱是那么的珍贵，她必须得积攒下来，用以供孩子们上学。

赵垣与母亲的感情是最为深厚的。父亲去世后，母亲白天帮佣，夜间还常常手执油灯为他照明作画。他懂事时就和母亲相依为命，为了报答母亲的辛劳，他发奋自学，努力画画，不敢辜负母亲的期许和养育之恩。哪怕是在成名后，在画事方面，他也一直非常勤奋，兢兢业业，甚至时常因为过度劳累而生病。当朋友们劝他不必如此操劳时，他曾这样回应："人情好逸恶劳，吾宁不知。顾吾少孤穷，母氏劳苦，渐就衰老，而吾犹不力，将安能取美誉以为吾母慰乎。此吾不忍苟惰故也。"

读了三年私塾后，赵垣即开始出外打工帮补家用。据他日后回忆，他十几岁时就一边工作，一边学画。白天以三郎的名字（家中排行第三）帮人做设计——画一种黑白印刷用的电版画，到了晚上才是自己自由画画的时间。因此，年少的他懂得体恤母亲的辛劳，从小"孝"字就在他心中发芽、扎根，直到老年也一以贯之。不管赵少昂日后在画事方面成就如何，单是他"事母至孝"的孝德，就足以传为美谈了。

穷人的孩子早当家。尤其是在旧时中国，这几乎是一个不容更改的定律。因为家庭的变故，家境贫寒的赵垣不得不提前结束他的读书生涯。三年的私塾生活后，赵垣开始打工自立，赚取生活费用。然而，一介懵懂少年找工作谈何容易。在辗转奔波又失望而归的情形下，唯有投靠亲戚了。赵垣的母亲有一个养女名叫赵丽华，是其嫁入赵家时从娘家带过来的"陪嫁妹"。赵垣的母亲善良宽厚，后将此"陪嫁妹"收为养女。就这样，赵垣多了一个姐姐。后来赵丽华嫁给了南海西樵人何星樵为妾。何星樵是一个经营生丝和茶叶贸易的老板，家中拥有大量的

葵与蝶 年份不详 30 cm×37.5 cm

房产和田地，家境算得上富裕殷实。赵垣此次辍学打工就是去投靠姐夫何星樵，准备去他的绸缎店打工。

何星樵是一名商人，为人善良，富有远见，对文化艺术亦有自己的见解。赵垣为其打工时期，他给予赵垣许多帮助和建议。

姐夫的绸缎店在白鹅潭的沙面，面对岭南最大的水系——珠江。珠江穿广州而过，沿南而流，汇入浩瀚的南海。

说起丝绸贸易，必然要提一下广州当时的海外贸易情况。

广州自明清以来一直是中国通向世界的沿海门户，是中国唯一历代相沿、长盛不衰的对外贸易口岸。据资料记载，清代是广州的海外交通和贸易的鼎盛时期。1685 年，清廷在广州设立“粤海关”，之后在广州开设十三行（又称洋货行），以行商垄断外贸。

“洋船争出是官商，十字门开向二洋；五丝八丝广缎好，银钱堆满十三行。”这是清初诗人屈大均当时记载的十三行的贸易盛况。

高度繁荣的海外交通与贸易，随之带来了文化的交流，广州成为东西方文化交会的前沿。18、19 世纪在广州等地制作的外销画、广彩瓷器、丝织品、漆器、银器、牙雕等出口到欧洲，在欧洲掀起了“中国热”。从西方传来的先进技术、艺术文化等，也逐渐影响着广州等地的工艺美术的发展。

1757 年，国势衰落，清廷关闭了江、浙、闽三地海关，只留粤海一关对外通商，广州再次独揽了中国的海外贸易，当时全国的出口商品都集中在广州销往海外。直至 1842 年《南京条约》签订，规定开放五口通商，废止十三行独揽中国对外贸易的特权。从此，十三行日趋没落。

19 世纪初，十三行昔日“夷楼海船，云集城外，由清波门至十八铺，街市繁华，十倍苏、杭”的繁荣景象虽然减淡了，但是广州作为一个成熟的贸易港口，各种

菱角 年份不详 30 cm×37.5 cm

广州"河南"十三行行商花园 19 世纪初油画 日本福冈美术馆藏

贸易生意仍然进行着，经济等待着复苏。

在这样的环境下，赵垣能在姐夫的绸缎店里工作就非常幸运了。何星樵也很关照他。每天，进出的货物都需要入册登记，赵垣的工作就是负责在行口（仓库）记账。有客人来提货出仓或者供应商送货进仓，他都用心执笔一一登记在账本上。早上总是忙碌的，搬货的工人们进进出出，赵垣要赶在客人来提货前把货物清单计量好给到仓库管理人员。有新货运进时，又要到现场协助登记。一切都要有条不紊地进行，才能避免数目上的错误。

忙碌的工作并没有使赵垣忘记画画。闲暇之时，他常常在柜台后专心地临摹《芥子园画谱》。被翻阅了无数次的画谱，显得有些皱巴巴了。正是因为这本绘画启蒙教科书，赵垣才逐渐认识到中国画的基本技法。画谱的内容浅显明了，很适合初学者。这本画谱据说自问世三百余年来，一直风行画坛，更成就了不少名家。

绸缎店里出了个"小画家"，伙计们都嚷着要做模特让赵垣画人像。赵垣随和地笑笑，也不拒绝，随手拿起一张粗纸便提笔画了起来。几分钟后，大家凑上去一看，哟，靠在柜台边的一个伙计被简单的线条印在了纸上。画像在伙计们的手中来回传递着。

"鼻子画得像。"

"嘴巴也像。"

"寥寥几笔，还真有神韵呢。"

还有人说："可以去帮别人画像赚钱了。"

有时下工后，赵垣会径直从沙面走去大新路看街头艺人画水彩画。当时的大新路，满布工艺品店铺，还有画镜画的、玻璃工艺画的、炭相的、水彩画的店铺等。街边常有一些无名绘画艺人就地坐着或站着，或捧着画册或架着画架，一副胸有成竹的模样，单手执笔在画布上涂抹着艳丽的色彩。隐藏在街头艺人身后的赵垣，总是默默地观察他们用色的步骤和笔法走势，回去再凭着记忆反复练习，久而久之，竟也领会了水彩画的奥妙。

对于水彩画技法的掌握，他后来曾回忆道："那个时候，完全是无师自通，在 16 岁之前，我的水彩画已经画得不错了，并没有人教我，我就是自己去看、去领悟。"在接受系统的绘画教学前，他完全是凭着自己的一股兴趣，努力自我探索，勤奋地练习临摹，为日后的学画道路铺设了坚实的基础。

在绸缎店里，赵垣努力工作，将每月所得工资交给母亲。母亲知道儿子爱好画画，买笔墨纸张需要花钱，将来娶妻也要花钱，就让他自己把部分钱攒起来。

何星樵偶尔到店里来，伙计们便把赵垣画的人像拿出来给他看。他看完后不禁赞叹自己的这个小舅子有绘画天赋。从此，总会额外关照他绘画方面的事情。

有一日，赵垣正在柜台后记账，何星樵兴冲冲地走了进来："阿垣，我有个机会给你画画，你敢不敢试试？"

赵垣一听到可以画画，也顾不得是画什么，抬头便说道："好啊，姐夫，画画而已，有什么不敢的呢？"

何星樵笑着说："那明天你同我一起回南海，我要翻修乡下的大屋，但是屋内外的墙头画日后要重新画上，这个任务交由你来做，怎样？"

赵垣一听，整个人都兴奋起来了，心里想：生平第一次能如此正式地画画，还是那么大规模地作画，怎么能错失练笔的好机会呢，当然是答应了。

第二日跟随姐夫返乡后，来来回回地将老屋的围墙、门窗、墙门、屋头的画观摩了好几遍，还不时用本子临摹。赵垣看着这些墙头画，觉得眼前像打开了一本古老的神话故事书。一个个生动的人物，或是衣袂款款，或是器宇轩昂，或是威武霸气，时光并未能彻底湮灭他们身上的鲜活气息。他们依然立在墙头，仿佛只要你一开口说话，就会回应你。还有那些寓意如意吉祥的梅兰菊竹，裹着青绿金碧，开满了墙头的边缘，安静中不乏活力。赵垣看呆了，想不到民间墙头画的技术也这般高超。虽然构图无定律框框，但是这些作画之人的想象力和功力，真是非同凡响啊。他开始有点担心自己力不从心，是不是答应得太爽快、太轻率了。万一自己画出来的跟前人相差太远，那可如何是好。

从眼角眉梢的表情变化中，何星樵察觉到了他的心思，忍不住微笑起来。何星樵是个开明之人，他拍了拍站在墙边出神的赵垣说："阿垣，不要给自己太大压力。你可以自由发挥，无须按照原样照画的，画出自己的个性和风格就好。"

听到姐夫如此说，赵垣压力减轻了些许，同时又暗暗鼓劲，心想："尽管姐夫对我没提出严苛的要求，但是我必须尽力，做到最好。"

趁着大屋翻修，赵垣恶补了一些民间传统绘画方面的题材和典故，再按照自己的想法重新设计了一些墙头画的画件。

不久，何星樵的大屋翻修完成了。赵垣带着水墨画工具材料，从容地爬上墙头作起画来。墙头画讲究工笔写意，兼工带写，主要以重、淡水墨白描和青绿、金碧调和。除了保留部分老屋的原样图，他更加入了许多新的元素，使得大屋的墙头画看起来既有传承，又与众不同。顺利完成墙头画的绘制后，他看到大门处的照壁仍是空白的，趁着画兴正浓，又自作主张在照壁上画了一幅马。

何星樵一一查看完工的墙头画，高兴地对赵垣说："阿垣，画得非常好，你这次功劳不小啊。"

年少的赵垣谦虚地说："应该感谢姐夫的信任才对，肯将如此重任交付于我。"

随风展翅 年份不详 30 cm×37.5 cm

何星樵哈哈地笑了起来："你的画功很了得呀，若能拜得名师学画，假以时日肯定能有一番了不起的作为！"

赵垣回答说："到目前为止，我临摹了不少中国画，觉得越来越程式化，画面的效果好像老是局限在皴、擦、点、染的规范内无法突破。我常常渴望能在绘画里表达一些真性情的东西，又能找到合适的途径。在这方面我还得努力，也一直希望能遇到名师点拨。"

何星樵打量着眼前这位瘦弱的年轻人，心想："对于学画，他不但有自己的一套方法，还已经意识到寻找自我风格的重要性了，果然是天性聪敏早熟。"何星樵暗下决心要帮助这个年轻人。

两人穿过天井走到大门的照壁前，何星樵看到原本空白的照壁上突然多了一匹马，且有奔腾而来之势，忍不住叫道：

"好一匹神马！画得实在太好了！"

何星樵由衷地佩服起眼前有着很高绘画天赋的年轻人来。

他看着照壁，寻思了一会儿，转过脸来对赵垣说："阿垣，你可知我国元代有一书画名家叫赵子昂？他可是画马的高手呢。"

"翻阅古人画谱时见过，我画的马可比不上他啊。"

步步向上 年份不详 30 cm×37.5 cm

“自古以来，我国文人都喜以名寄意，所以他们的名字多数内涵丰富且高雅。”何星樵笑了笑，接着说，“人的名字可表现人的精神，有强大的感召力，是一种无形的力量。所谓人如其名，名如其人。名字的好坏，关系到人一生的成败荣枯，此即姓名学之奥义所在。我看你天生就是一个才子，日后必定大有作为。平日既嫌自己的名字俗气，何不干脆改名以立志？”

赵垣心想：确实如此，自己也一直觉得“垣”字乡味略重，于是问道：“姐夫可有好的提议？”

“你和赵子昂同姓，又比他小，少小而立，昂扬向上。何不叫‘少昂’呢？”

“少昂，赵少昂……”他念叨着这个文雅的名字，有澄明顿悟之感，忍不住对何星樵说，“甚好！姐夫，我喜欢这个名字！”

“少小而立，昂扬向上。”少昂二字，寄托着奋发向上的寓意，恰好与他“努力为人”的人生信念契合。

就这样，赵垣改名为赵少昂。

二/师承有自　青出于蓝

1920年某日，何星樵的绸缎店里，赵少昂正在整理账本。

“少昂，少昂，好消息啊！”何星樵一脸喜气，步伐匆忙地走进了店铺。

“姐夫，怎么了？”赵少昂从账本里抬起头来。

何星樵扬了扬手里的一张街招（广告）红纸，故作神秘地笑道：“少昂啊，你的老师上门来找你啦。”

“老师？”赵少昂一脸茫然，不知道姐夫葫芦里卖的是什么药。

“你不是一直想拜师学画吗？高奇峰美学馆正在招收学徒。”何星樵把广告纸递给了赵少昂，继续说，“高奇峰可是名师呀，赶紧去报名试试吧。”

高奇峰何许人也？这里不妨放宽视野，让目光回到历史深处。

19世纪末20世纪初，中国艺术在西方文艺思潮的冲击下，呼唤改革创新。辛亥革命的元老、中国现代教育奠基人何子渊、丘逢甲等学人冲破顽固守旧势力的禁锢，积极创办和推广新式学堂，培育了一大批思想进步锐意创新的社会精英。后人所说的岭南画派，就此应时而生。

岭南画派的创始人高剑父、陈树人、高奇峰，后人称为“二高一陈”。他们都有留学日本的经历，接受了近代美术教育，志同道合，试图在中国画领域酝酿一场大的变革。他们的绘画既吸取中西绘画之长，又不失中国画的笔墨特色，主张以革命的精神和强烈的时代责任感改造中国画。他们在创作中通过不断探索和躬身实践，将时代发展变化的世界性理念引入传统中国画，从而创立了在中国现代美术史上著名的岭南画派。

“二高一陈”的作品多具时代精神，地方特色明显，画面气氛酣畅热烈，色彩鲜艳明亮，笔墨劲爽豪放。他们返国后，办画展，出版画集，创办报刊，努力开创岭南画坛的新格局，与海上画家群、京津画家群形成三足鼎立的局面，在全国引起巨大震动。

花香引蜂 年份不详 30 cm×37.5 cm

在创办新式学堂的风气下，全国的美术教育学堂日益繁荣起来。广州也陆续有新式学堂兴起，主要以教授西洋画为主。传统的国画教育仍然是以开馆授徒的方式进行着。高奇峰个人创立的美学馆也就是在这个时期建立，并开始招收学徒。这也是何星樵会拿到街招并转给赵少昂的机缘所在。

虽然当时高奇峰已声名显赫，但年少的赵少昂并没见识过他的画作。不过见识比自己广的姐夫都如此说了，他一时激动不已，心想何不趁此机会去试试呢。看着手中的街招，他决定带上自己最好的作品去报名。

当时高奇峰年仅 31 岁，风华正茂，绘画技术已经享誉海内外。高奇峰从小跟随其兄高剑父学习“居派”的绘画技法，师法居廉，逐渐领悟岭南绘画的精神。高奇峰 17 岁时，又随高剑父赴日本留学习画，其间受到民主革命思想影响，开始了民主革命斗争，并加入了中国同盟会。后来有很长一段时间，他一直在中国、日本之间奔走，参与革命党人的反清活动。1911 年辛亥革命后，22 岁的高奇峰学成归粤，从事绘画创作和美术教育之余，继续参与革命党人组织的地下活动。

1912 年在广东省政府的资助下，高奇峰与兄长高剑父同往上海创办了《真相画报》，其间高奇峰任画报主编。民国初年，正值新旧政治势力斗争激烈，社会上各派人员成分复杂。为了“三民主义”和新艺术，高奇峰凭着过人的胆识，继续从事革命工作。据史料记载，他那时工作的场景是这样的：他身上揣着手枪，在地点不便告人的编辑室里执笔编绘他的画报。

1918 年，上海审美书馆歇业，高奇峰受广东工业学校校长黄强之聘，回穗任该校的美术科和制版科主任。与此同时，他还在广州府学西街开设“高奇峰私立美学馆”，进行创作并开课授徒。赵少昂就是在两年后，因机缘巧合得以进入美学馆跟随高奇峰学习作画。

那是 1920 年，16 岁的赵少昂走进了府学西街的高奇峰美学馆。

迎风欲下 年份不详 30 cm×38 cm

高奇峰看着赵少昂递上来的画作，内心暗喜：此少年的笔墨自然，选材布局有主见，是个可造之才。

“作画几年了？可念过书？”高奇峰望着眼前意气风发的少年问道。

“回先生的话，我自懂事起便拿笔乱涂乱画，因父亲早逝，家中贫寒，赖母佣工，只读过三年私塾。”赵少昂低头如实答道。

高奇峰不禁感慨起来，自古以来像这般命运的少年何其多，自己何尝不是幼年父母早丧，少年栖身于亲戚家中做佣工，幸得兄长剑父的养育和教导，才得以踏上艺术之路。眼前这个对艺术如饥似渴的少年，不正是当年的自己吗？于是，他继续问道：“可曾跟随过老师学画？”

赵少昂答道：“没有，一直以来都是做工之余兀自研习。”

高奇峰会心一笑，心想，果然是有天分又勤勉的少年。又感叹他年纪轻轻，便能靠自学写出这般画作，实属不易。他天资过人，聪颖好学，若有人稍加提点，定能成就一己之长。高奇峰遂点头说道：“你可以来上课了。”

得到先生应允，赵少昂狂喜，赶紧拜谢先生，很快便办妥了入学手续。

其实，高奇峰择徒是相当严格的，学生的人数控制在数十人左右。除了赵少昂，同年入学的弟子有周一峰、何漆园、容漱石、黄少强、叶少秉、熊文杰、崔

蜂拥蜡梅 年份不详 30 cm×37.5 cm

稚明、陈汉普、岑昆魏、萧娴、黄期田等，都有极高的绘画天赋，后来也都成为非常有名的画家。

1920 年，高奇峰还在广东工业学校任美术科和制版科主任，每天在工业学校上完课后，总还要匆忙赶至美学馆，为业余学习作画的学生授课。那段时间，高奇峰的美学教育活动是非常频繁的。

美学馆的课堂上，高奇峰一边示范作画，一边讲解要点并叮嘱学生记住。

站在奇峰先生旁边的赵少昂，用幼时在私塾常用的“三到法”——耳到、眼到、心到来学习。耳朵留心听先生的教诲，眼睛仔细盯着先生的画笔，默默地观察用笔的法度，内心思量自己该如何画。

课后，赵少昂回家勤奋临摹老师的作品。下次来学馆上课时，把临摹好的作品交给先生批阅。日后，赵少昂也赓续高奇峰的这种教学方法，同时结合自己的创作经验将方法加以创新。较之前人，他非常注重训练学生的写生能力，并极力主张师法造化（自然）。

除了绘画教学，高奇峰还特别重视美育，强化学生的道德精神。他常常教育学生们：“学画不能徒博时誉或聊以自娱，应本天下有饥与溺，若己之饥与溺之胸怀，及达己达人之思想，而努力于缮性利群之绘事，阐明时代新精神。”

小憩
1966 年
101 cm×61 cm

初时，赵少昂对此不甚理解，待到人生阅历丰足，亲历了大时代的沧桑巨变后，才体会到奇峰先生这席话原来是有深意在的。确实，学画不应以名利为目标，或仅仅将其作为陶冶个人性情、提高修养的工具，而是应能立足于大时代，具备“先天下之忧而忧，后天下之乐而乐”的情怀。既然选择成为一名艺术工作者，就应该立志通过艺术来反映时代，有社会责任感并尽力付诸行动。如果没有这种胸襟和情怀，画作的格局也必定狭窄。虽然后来赵少昂没有和高奇峰一样，强调艺术与革命的直接关联，而在一个革命的世界外，也注重日常世界，在一饮一啄、一草一木中发现诗意，但是那种博大的胸襟和情怀，是有赓续的。赵少昂日后之所以兢兢业业地持续地向海外介绍中国艺术，为艺术传播做出巨大贡献，正是受高奇峰这种美育精神所影响。

在府学西街的孔圣宫美学馆内，赵少昂如同春天的小树苗般自由地领受充沛的阳光雨露。在高师的悉心教导下，凭着自身的天赋和细腻观察的习惯，赵少昂从高师学习绘画的短短 6 个月内，画艺大有长进。

除了得益于高师的言传身教，赵少昂还受到了美学馆里的浓厚学习氛围的熏陶。同门师兄弟有周一峰、何漆园、黄少强、叶少秉等，众人都是热爱艺术的年轻人。比如黄少强，他曾在美学馆组建图画观摩会，会员每个月聚一两次，展示自己的近作，互相观摩。这种通过技艺切磋来达到艺术学习交流的方法，学员们都拍手称好。活跃的学习氛围，令赵少昂的学习情绪高昂，也使得他更加勤于书画创作，积极参加各种艺术交流活动。

1926 年春，被后人称为“天风七子”的周一峰、张坤仪、叶少秉、何漆园、容漱石、黄少强、赵少昂在广州组建“美学社”并聘请高奇峰主持讲习。1931 年 6 月，高奇峰、何漆园、周一峰、赵少昂等，又在广州成立“美学苑”并举办苑展。赵少昂后来的授徒方式，深受这种带有私塾与美术学校双重性质的组织教学

左起：周一峰、何漆园、赵少昂、张坤仪、高奇峰、叶少秉、黄少强

方式的影响。

1924 年，20 岁的赵少昂，一改早年羸弱的形象，广额明目的才俊英姿越发显现。经人介绍，他与来自广东南海九江的姑娘郭佩馨相识相恋了，两人决定共结连理。赵少昂的母亲看到儿子成家立室，喜上眉梢，心头的一块大石也落下了，对着丈夫的牌位说："老伴，少昂很懂事，已娶妻，我也安心了。"

1925 年，广州风起云涌。为了支援上海人民"五卅"反对帝国主义革命运动，广州和香港两地爆发了规模宏大的"省港大罢工"，历时一年零四个月。据史料记载，工人和各界群众 10 万余人先是在广州东较场集会，追悼上海死难同胞，抗议帝国主义暴行，会后又举行示威游行。在途经沙基路时，游行队伍突然遭到沙面租界英法军警的机关枪扫射，停泊在白鹅潭的英、法军舰也开炮轰击，当场打死 50 多人，重伤 170 多人，轻伤不计其数。沙基惨案的发生，更进一步激起中国人民的民族义愤，各界群众纷纷声讨帝国主义罪行，更多的工人加入罢工行列。到 6 月底，省港罢工人数达 25 万。广州革命政府立即照会英、法等国提出抗议，并宣布同英国经济断交，同时封锁出海口。

由于出海口的封锁，工人的罢工，何星樵在沙面以出口为主的绸缎店生意受到影响，经济来源一度中断。看到此情此景，赵少昂的心情也非常黯淡，他不忍增加姐夫的负担，决定离开绸缎店，另谋出路。

正值罢工潮，寻觅工作比以往要艰难百倍。眼下又已成家，谋生就不只是为了自己，更牵涉到家庭，责任之重是可以想见的。既然出外寻工作而不得，就唯有创业了。当时摆在赵少昂面前的，主要有两条路，一是置田产，二是开店铺。赵少昂想到自己会画画，并且至今不愿放弃，更希望能有更大的长进，不如就做点与美术有关的生意吧。这样既能解决谋生的难题，也能继续以艺术为志业。于是他用打工积攒下来的钱，在广州上九路租了一间民宅，创办了岭南制版所。白天，他主要从事广告设计和印刷制版的工作，晚上则勤加练画，毫不松懈。

万事开头难，又遇到经济萧条期，制版所的订单寥寥。加上设备落后，人手有限，制版所甚至一度陷入濒临倒闭的局面。此时，又是姐夫何星樵向赵少昂伸出援手。虽然个人的收入已大大不如从前，但是何星樵还是主动出资，购得一台炭精灯送给赵少昂，以方便他用来制作黑白电版画。设备更新后，境况果然有所好转，赵少昂日夜忙碌，事事亲力亲为，制版所暂时得以经营下去。

在这一困难时期，赵少昂设计了大量各种各样的广告画，并熟练掌握了制版技术。日后赵少昂在花鸟画上获得的成就令许多人以为他在人物画方面是没有造诣的，但是大家忽视了一点：他在办制版所时替顾客设计的广告人物画，全部是个人亲手画的。

20 世纪初，西洋艺术在中国扩散后，美术界在国内发出了美术改革创新的呼声。在北京，陈独秀掀起了“美术革命”的浪潮，反对因循守旧，提倡新式教学。随后，许多新式的美术专科学校相继建立起来：1912 年，上海美术专科学校成立；1918 年，北京美术学校（后改名为国立北平艺术专科学校）成立；1920 年，私立上海艺术大学成立；1927 年，国立中央大学艺术系成立；1928 年，国立艺术院成立。

在上海，刘海粟还在其创办的上海美术专科学校率先引进人体模特写生教学方式，这一改革创新也由上海扩散开去，形成一股慕新求变的艺术思潮。甚至连广东佛山这样的偏远小城也开始受到思潮的影响。1924 年，佛山市市长周演明规划成立了佛山市立美术学校。在周演明眼里，敢于在艺术上大胆创新的高剑父无疑是主持学校的最理想人选。高剑父接任后，聘请了许多当时广东画界的有识之士担任老师，如鲍少游、温其球等老一辈大师。他也极力邀请年轻画家加入，如

晚来过雨添新雨 年份不详 30 cm×38 cm

赵少昂、黄少强等。赵少昂在 1927 年应高剑父的邀请任职于佛山市立美术学校，开始了他为期两年的教学生涯。

这种对美术的重视，与当时广东的政治局势是有直接关系的。1920 年 11 月，陈炯明联合孙中山部队从福建打回广东，把长期操纵广州军政府的桂系军阀陆荣廷、莫荣新等人赶走。长期受到桂系力量打压的广东地区欢迎陈炯明主政，不久陈炯明便出任了广东省省长兼粤军总司令。陈炯明主政期间，积极改组教育系统，增加教育经费，在广州普及教育。他聘请陈独秀任广东省教育委员会委员长。上任后的陈独秀在广东大力推行教育改革，兴办新式学堂，并聘请了北京大学的许崇清为广州市的教育局局长。

由于政治局面的改变，社会出现一时的活跃景象，美术界也借得东风喜迎新。首先是全国最早的一间公立美术学校——广州市立美术学校成立了。该校在 1921 年开始酝酿筹备，1922 年 4 月正式开课。另外，1921 年 11 月，在永汉北路（今北京路）一间师范学校内，还破天荒地举办了广州第一次西洋画展览会。接着，由政府倡办的、规模较大的广东全省第一次美展也顺利举行。

也是在这一年的 11 月，高剑父随孙中山回到了广州。许崇清着手推进美术教育，在 1921 年 5 月发起组织广东省第一次美术展览会的提议。很快，美术展览

采花金蜂 年份不详 30 cm×37.5 cm

会的决议在 7 月份通过。作为政府举办的第一次美展，其形式相当正规，陈炯明担任美展的会长，高剑父任副会长，还请了律师谢英伯做顾问。美展共分为绘画、刺绣、工艺、美术四项，绘画又分为中国画、西洋画两大类。为了确保高质量的作品展出，展会还成立了一个审查委员会承担作品的评选和筹备工作。西洋画审查员为胡根天、陈丘山、雷毓湘、许敦谷等。国画审查员为潘致中、温幼菊、姚粟若、赵浩公、高剑父、高奇峰等。

副会长高剑父德高望重，号召力强，他亲自到上海和香港征集作品，为这次美展出力很多。出品人不硬性规定是广东籍。因为这是广东第一次全省美展，广州市出品人踊跃参与自不在话下，各县乡镇也有展品送来。不久陆续收到了国画三千多件，西洋画两千多件，还有少数刺绣、雕刻等工艺美术作品。经过审查委员会的精心筛选，入选作品大约为一千件。

12 月，广东省美术展览会在文德路的广东省立图书馆开幕，陈炯明出席了开幕仪式，场面热烈而隆重，政府还特别安排照相馆为参加开幕仪式的全体工作人员照了一张 12 寸的大合照。它已经成为省美展珍贵的历史记录。

展览会上，中国画、西洋画、工艺美术品等共分 10 多个厅、室陈列，可谓琳琅满目。西洋画展出“赤社”成员胡根天、陈丘山等人的两百多幅油画作品。

广东省第一回美术展览会开幕全体职员合影

“赤社”是“赤社美术研究会”的简称，在省美展前两个月成立，主要成员是美、日归国的留学生，最初社员有胡根天、陈丘山、梁銮等。赤社成立不久，即在广州开办了“赤社美术研究会第一次西洋画展览会”。这是广东出现最早的一次西洋画展，开社会欣赏西画风气之先，引起强烈反响，堪称广东西画启蒙的先声，影响深远。关于这些，胡根天在《记六十年前广东第一次全省美展的风波》一文中做了详细的回顾。

此次省美展，赤社的西洋画也引发了群众的热烈讨论。另外，国画部分参展作者和作品也比较多，既有岭南画派的高剑父、高奇峰、陈树人及其部分学生的新派国画，也有赵浩公、李凤廷、姚粟若、温其球等画家的传统国画。

赵少昂和同门师兄弟们一同到了美展会场参观展览。看到赤社成员的西洋画时，他们感叹其逼真效果，认为光影明暗技法确实有值得借鉴之处。

“这两幅肖像油画，色彩深沉含蓄，背景皆以深暗显衬，主题很突出，令人眼前一亮啊！”赵少昂站在两幅风格相似的油画面前说道。

大家纷纷往前聚拢细看，更有人回应道：“确实令人印象深刻，连画中人物的情绪亦犹可感知，作此画之人手法实在高明！”

就在此时，高剑父恰好偕嘉宾来到西洋画区域，见到赵少昂等人正在讨论李铁夫的肖像画，便走过来高兴地问：“你们可知道这两幅油画的来历？”

大家见到剑父先生纷纷上前行礼，并要他做详细解说。原来，这两幅画是早年李铁夫在美国纽约送给辛亥革命运动领导人之一黄兴的，又由黄兴带回上海存放在家里。黄兴逝世后，由他的儿子黄一欧保存。高剑父到上海征集作品时将这两幅画作带回了广州参展。

看着李铁夫的画作，高剑父对大家说：“李铁夫是中国人到外国学西洋画的先行者，不但是一个好画家，更为革命运动贡献了不少力量。”高剑父又指着旁边的另一幅油画说，“你们看，这幅是李铁夫的老友冯钢百画的，也是一幅很有代表性的油画作品。”

大家听着剑父先生讲解，兴味盎然地凑近观看。

高剑父接着说：“西画强调物体的光线和纹理，画风细腻真实，这是西画的优点，我个人主张折衷中西，兼取日本和西洋的艺术，改革中国画，希望有朝一日国画能跟上时代的发展，走向世界。”

“剑父先生说得太好了，这也是我等后辈努力的方向。”赵少昂被高剑父的一席话所触动，十分赞同他的说法。

以高剑父为代表的“折衷派”首次提出“折衷中西，融汇古今”的口号，呼吁革新传统国画，却引起传统画派的强烈抗议。胡根天在《记六十年前广东第一次全省美展的风波》一文中提到，在全省美展评选阶段，“折衷派”与传统画派在评选标准上就产生了分歧，两派之间开始出现争论。潘致中、姚粟若、黄般若、卢观海、赵浩公、黄少梅等画家的绘画理念为“力求高古”，不认同高剑父等人借鉴西洋画以革新传统中国画的思路，恐其有入混宗支的可能，但又不得不承认当时的国画风气确实萎靡不振，去古日远。他们希望通过高古的画风来对抗“庸俗作风”，不认同“折衷派”以“吸收外来”的方式来改革国画。全省美展结束后，他们逐步成立了主张复古之风的“广东国画研究会”，与“折衷派”相抗衡。广东画界出现了两大对立派别，关于国画的变革思路，从此争论不休。

1926年，黄般若代表广东国画研究会在《国画研究会特刊》上组发了潘致中、李凤公、张谷雏、黄宾虹等人关于中国画的文章，系统地阐发坚持传统立场以发展中国画的观点。他们强调中国画的独特性，抵制“西化”潮流，反对“折衷派”的“折衷中西”，认为对方是“国画的叛徒”。文章刊出后，高剑父立刻给予反击。他在广州“河南”发起了新派绘画大展，并授意方人定撰写《新国画与旧国画》发表在《国民新闻》上，指责国画研究会画人“因循守旧”“不思进取”。年少气盛的黄般若在潘达微、赵浩公的鼓励下又撰文反驳，认为“折衷”改革乃大逆不道，高剑父等人的新派国画纯粹抄袭东洋画。

这场广东画坛著名的“方黄之争”笔战，历时半年，最后由叶恭绰出面调停。论战双方无高下成败之分，却为国画改革带来了更深刻的思考。尤其是折衷派画家后来对自身的弱点进行了反思和改革调整。论战也吸引了不少广东本地和外地的国画家参与，双方营垒分明，争论激烈，成为广东近现代美术史上不容忽视的重大事件。

方人定、赵少昂、黄少强等年轻的画家也在这场美术变革风雨中逐渐成长，关于个人艺术的发展，他们愿意带着更多理性的思考、判断，通过不断亲身实践去进行艺术探索。

1929 年 4 月 10 日，第一次全国美术展览会在上海举行。在当时政局混乱的环境下，这无疑是中国美术界的头等盛事，很多文化界、美术界人士都对此充满期待。

第一次全国美术展览会的主要推动人是倡导“以美育代宗教”的中华民国大学院院长蔡元培和上海美术专科学校的校长刘海粟。早在 1922 年，蔡元培、张君劢、刘海粟就以“中华教育改进社”的名义讨论并提出举办全国美术展览会的议案，支持各种美术活动。然而，由于时局动荡，军阀割据势力纷争激烈等原因，这个提议始终没有得到北洋政府的批准。直至 1929 年，在蔡元培、刘海粟等人历经七年的反复提议和坚持下，第一次全国美术展览会才由梦想成为现实。这也是民国以来第一次由政府出面主办的全国规模的美术展览。

这次全国美术展览会的场所设在上海新普育堂，分为书画、金石、西画、雕塑、建筑、美术工艺、摄影七项。东楼二层为西画部，有留洋画家冯钢百、林风

共乐 + 双飞 1968 年 30 cm×38 cm

眠等人的作品；西楼的二三层为中国书画部，中国画数量比西画多。广东国画参展作品以岭南画派的新国画为主，如高剑父的《柳》和《水牛》，高奇峰的《花鸟》和《画虎》，陈树人的《马》，方人定的《鸳鸯》，黄少强的《穷途自赏》和《尘塔空留》，赵少昂的《画猴》和《画鼠》。当然，也少不了赵浩公等人的传统国画。

年轻的赵少昂游弋在美术的海洋里，观赏了追踪宋元理法传统、“复古为新”的传统绘画，亦比较了师法“八大”、“四王”、石涛等个性画家的绘画和力求真实细致的西画的异同。对他来说，受启发更多的，更符合他个人艺术取向的，还是来自岭南画派的新国画。他走到奇峰先生的画作前，细心观赏，只觉得他的花鸟画淡雅灵动，走兽图雄奇俊秀，既有新技法的融入，又不失传统国画的无穷意蕴。奇峰老师的作品，更兼备雄奇与俊秀之美，雅俗共赏，赵少昂暗下决心要努力追赶。

参与这次画展后，赵少昂不仅感慨中国绘画技艺的博大精深，也更加坚定了自己以后要走的绘画道路和艺术信念。

1930 年，赵少昂凭作品《白孔雀》（又叫《双飞白孔雀》）获得比利时万国博览会金奖。26 岁的赵少昂自此锋芒初现，在画坛上崭露头角，获得了众多画坛前辈的认可，如齐白石、黄宾虹、徐悲鸿、陈树人等都很欣赏他灵气动人的花鸟作品。番禺人冯武越这样评论当时的赵少昂：“然度量独宏，所见甚达，于树立党派、攻排异己辄鄙夷之。故能周旋于美术界保守、折衷、欧化诸派之间，而尽得其长，再以之灌输于一己艺术之中而发为异彩。是盖明乎艺术无界限而又深得其益者。诚可法也。”其意思是说，初出茅庐的赵少昂，虽然目前仍然“周旋”于诸派之间，但个人的艺术独特性已初见端倪。他能转益多师，博取众家之长，融会贯通，又能自我创造，自我作古，成就自己的风格。

同年，赵少昂与黄少强、叶少秉（人称“高门三少”）一起在广州筹办建立

月夜猿啼　年份不详　106 cm×61 cm

鸟豆图 年份不详 30 cm×83 cm

了“岭南艺苑”。岭南艺苑名字的得来，也几经曲折，他们也曾考虑拟作岭南画苑、岭南美院等，最终一致认为师门的教育宗旨非单在“美”，还含有参与政治革命与社会改革、改造人心的意图。另外，课程的设置也将包含黄少强的人体素描西洋画班、叶少秉的制版印刷班及赵少昂的国画班，范围较广。综合考虑，最终决定命名为“岭南艺苑”。

对于岭南艺苑的创立与前景，他们是颇有信心的。然而，当脑中的蓝图要逐一落实的时候，他们才发现，有一些困难是先前没有考虑到的。艺苑开课后，黄少强的人体素描、疾苦图之类的西洋画作，既少人学，也少有人买。叶少秉的制版术，也出路不佳，应者寥寥，只剩下赵少昂的“岭南派”花鸟、动物图最受欢迎。没多久，黄少强和叶少秉就另寻出路了。赵少昂一人继续主持所有的教学工作，一直到 1938 年广州沦陷，岭南艺苑才暂时停止运作。赵少昂亦开始辗转于大后方，直到 1945 年抗战胜利后，岭南艺苑才重新招生并培养了周志毅、欧豪年、吴子玉等名画家。

岭南艺苑的教学方式主要沿袭高奇峰美学馆的授徒体制，不同的是，赵少昂扩充了授课排班的时间，除了白天班、周末班，还有夜班和函授班。这种新式的排班法很灵活，令更多想学画的学生得以自由选择时间来学习。然而，上课的时间无限制，也意味着赵少昂必须随时投身教学工作，有时一个星期七天都没有休息时间。

课堂上，学生们伫立两边，仔细看老师在案头运笔赋彩，下课后根据老师讲解的技巧要点认真临摹，下次上课将画稿带给老师批改审阅。赵少昂收到作业后，会亲自修改，并圈点出不妥的地方，在旁边写上需要改进的细致批语。每个学生的天资都有所不同，老师因材施教的方式，也令学生获益匪浅。

临摹自古以来便被画家视为授徒的重要方法。它不是鼓励学生一味依葫芦画

舒心漫步 年份不详 30 cm × 37.5 cm

瓢，而是在临摹的过程中掌握绘画的技巧笔法，从而为日后的创作打下扎实的基本功。临摹后，组织学生外出写生是赵少昂最为注重的一项教学课程。赵少昂主张师法自然造化，认为“丹青虽好不如真”，注重培养学生对自然的观察能力，要求学生对眼前的事物一一熟悉，了如指掌，然后用丰富多样的形式加以表现。在课堂上，他会经常鼓励学生在大自然面前要敢于创新，入画之物需经心灵的润泽，化为己用，同时不拘泥于前人的笔墨技法，要在作品中体现自己的个性和情感。

赵少昂对国画艺术的态度是：既要师承有自，又能发前人所未发，造成一己面目。对于西画的技法，他只选择适合为中国画所用的，不是盲目跟从，也不是另起炉灶，而是师法前人，师法自然，遵从自己的审美。他笔下的鸟兽虫鱼，一草一木，无不灌注了个人的情感。他的这种坚持对当时的学生也有深远影响，使得岭南艺苑成为传承岭南画派创新精神的重要一脉。据周锡韬写的《岭南画派》一书的不完全统计，1932 年至 1948 年，在广州岭南艺苑的摇篮中熏陶成长而成名的画家，包括欧少严、周千秋、冯曼硕、陈子毅、梁占峰、王云谷、周志毅等近 50 人。

1931 年 9 月 18 日，日本帝国主义制造了震惊中外的“九一八事变”，正式拉开了侵略中国的序幕。在国民政府的不抵抗政策下，日军很快就侵占了沈阳，继而吞掉了东北三省，整个中国陷入一片混乱。各地的学生纷纷游行示威，要求国民政府立刻“对日宣战”，反对不抵抗政策，请愿运动愈演愈烈，许多省市的教育厅厅长和学校校长也被迫下岗。各种民间抗日救国社团成立，开展了一系列募捐支援抗日和抵制日货运动。

在美术界，不少画家也竭尽所能，通过作品来鼓舞士气，唤醒民众的抗争意识。广州沦陷后，避难澳门的高剑父创作了一系列的抗日悼亡作品如《徐福渡

十香园全景图

海》《黄雀在后》《蓬莱落日》《难童》《战后》等，更手书“还我河山”草书横披。在创作《东战场的烈焰》时，高剑父把西洋绘画中的光影处理和素描手法融到中国画的墨笔里，借此来表现祖国河山被日本帝国主义轰炸后的情景。那是一幅满目疮痍、处处废墟、哀鸿遍野的悲惨景象，正如画作右下角的印章所示，此为“乱画哀乱世也”。画作中的爱国主义和人道主义思想并不难捕捉，在当时的大势下，尤能引人共鸣。同样流亡澳门的关山月，则创作了场景广阔的《渔民之劫》《中山难民》《铁蹄下的孤寡》《侵略者的下场》等作品。也有不少人在这期间举办了爱国画展：方人定于 1938 年在香港举办抗战画展，黄少强则在长沙举办 “黄少强抗战画展”，并在香港两次举办“黄少强战地归来绘画展览会”。

就在这样一个多事之秋，陈树人先生偕夫人居若文女士回到了广州，并在东山松岗西路觅得一居所暂住。

陈树人和高剑父一样师承居廉，是居廉收的最后一个弟子。陈树人在广州隔山乡十香园学画四年，深得居廉喜爱，并把其兄居巢的孙女居若文许配给陈树人。陈树人在十香园结识了许多居廉门下画坛名流，更与高剑父、高奇峰结为挚友。三人曾并肩作战，致力于改良中国画，轰轰烈烈地推进新国画运动。

陈树人是画家又是政界名人，历任国民政府要职，为人耿直、清廉。1924 年以来，他先后担任国民党中央工人部部长、广州国民政府秘书长、广东省代省长等职务，1928 年后又历任国民党中央执行委员会委员、国民政府侨务委员会委员长、国民党中央海外部部长等职。尽管政务繁忙，陈树人一直保持着学者兼画家的身份与风度，常抱“洁身自好，怡然自得”的淡泊态度。他把暂居的寓所颜其额曰“松蟀楼”，闲暇时更喜欢邀集同好，或谈诗论画，或郊外清游。他曾有诗云：“赞美自然谁似我，颂扬劳动更何人？老来心力欣犹健，画笔诗篇逐日新。”

身为后辈的赵少昂十分敬重树老的为人与画技。得知陈树人返粤，赵少昂非常高兴，决定择日前往拜访。两人早年便已相识，当年陈树人的作品《岭南春色》也在比利时万国博览会上获奖，他对同时获奖的后辈赵少昂赞赏不已，认为赵少昂是个拥有过人才情的年轻人，其作品既有高奇峰的雄姿又不失个人特色。

某日午后，松蜂楼内，陈树人、赵少昂两人别后多年重逢，又因意趣相投，谈话分外热烈。席间赵少昂还取出一幅新作，递给树老。

陈树人翻开卷轴一看，原来是幅《水仙》，于是笑道："少昂，你这幅金盏水仙姿态动人，笔法婉约高雅，技艺日见精进了。"

"树老过誉了。我知您老素来对水仙的技法有深刻见解，乃恳请赐教。"

陈树人含笑道："你本来就天资聪敏，水仙的高洁之态在你笔下表露无遗，且画中饱含个人性情，真是一幅佳作！"他把画铺在画桌上，"如此佳作，不如待我涂抹几句也沾沾光，哈哈。"

赵少昂也哈哈笑道："正中我下怀，树老肯赐墨宝，我喜不自禁啊，哈哈哈。"

陈树人执笔蘸墨，在画上写下："任他红紫尽成尘，剩得凌波飘渺身。仍向漫天风雪里，金坚玉洁见精神。少昂吾兄法正，廿年初秋，弟树人写于松蜂楼。"

赵少昂接过画作，吟诵陈树人留下的诗句后有感而发："树老身在江湖心不改，这种意志和精神，少昂受惠了。"

陈树人也笑着说："少昂，你开设岭南艺苑，推广美育，世人也很受惠呀，奇峰有你这样的弟子必定也倍感骄傲。"

说起高奇峰，陈树人开始挂念起老朋友来，开始关切地向赵少昂打听高奇峰的近况。

赵少昂知树老念旧之情深切，忙道："奇峰师近两年身体劳累，肺病急发，曾于前年迁往二沙岛梁培基的'颐养园'疗养。得二沙岛幽静清丽之景，去年病

天风楼

情稍有好转，已迁入其在二沙岛购筑的‘天风楼’静养。”

陈树人听完后，才稍稍宽心，又与赵少昂约定 10 月前往天风楼探望高奇峰。

二沙岛四面江水环抱，风光秀丽，鸟语花香。高奇峰的天风楼与名医梁培基、粤军将领陈可钰的别墅小楼比邻而居，俗称“三家村”。当时岛上的居民还不多，环境清静，确实适宜静养。高奇峰闲居寂寞时，常闭门作画自娱。除了邀弟子谈艺作画，或偶尔与朋友雅集，他已极少与外界应酬。

转眼间，10 月已到，陈树人、赵少昂应约而到天风楼探望高奇峰。张坤仪笑意盈盈，先行在门外等候。早年，高奇峰收张坤仪为义女，其间幸得她悉心照顾起居饮食等事宜，免去了不少烦忧。四人见面，自然又是一番畅聚。雅兴所致，更少不了执笔合作写画留作纪念。高奇峰还写了题跋：“受尽风霜始到春，二十年十月树人尊兄、少昂仁弟到访天风楼作画遣兴，树人写柳笔意高迈，穷绝尘表，用缀数语以寄欢迟，奇峰高山翁。”

受尽风霜始到春——这是高奇峰发自肺腑的感慨，也可以用作他人生经历的概括。他长期刻苦钻研艺事，为民主革命事业四处奔走，无暇顾及身体，致宿疾时发。待到天风楼静养，工作、生活重心回归艺术，身体才稍有好转。遗憾的是，这段平和的时光过于短暂，高奇峰在天风楼里停留的时间仅仅为四年，这是老友陈树人和弟子赵少昂都始料未及的事情。1933 年，高奇峰为了美术事业，再次不顾伶羸弱的身体，作为德国中国美术展览会专使到上海出席画展筹备会议。他从广州乘船赴上海，在船上应邀为客人作画，不慎摔了一跤，由于长时间的颠簸及患病在身，三天后病情恶化，不幸于 11 月 2 日在上海病逝，终年 44 岁。

高奇峰逝世后，同行好友及众多弟子们都悲痛不已。南京国民政府为他举行了隆重的葬礼，并将其葬于南京郊外的栖霞山。时任国民政府主席的林森题写墓碑“画圣高奇峰先生之墓”，以褒扬他生前的丰功伟绩，很多国民政府的高官参加了葬礼。孙中山之子孙科为高奇峰作了一副挽联，对他的革命和艺术人生做了如下概括：“革命著丰功环堵萧然先总理谓其勤不可及；逸才旷代天风渺矣大画师特以节概示来兹。”

对于高奇峰的骤然离世，赵少昂十分悲痛。奇峰先生不单是值得尊敬的良师，更是挚友。在高奇峰去世多年后，赵少昂依然常常对学生说：“我能画画，一靠母亲茹苦含辛当佣工养育，二靠奇峰先生教导成才。”每逢奇峰先生的生辰或忌日，赵少昂都会召集周一峰、何漆园、黄少强等同门画友，或是挥毫论艺，互相砥砺，或是举办联合画展，借机追忆恩师，感怀其大德。

早在奇峰先生去世第二年的清明节那天，这种“传统”就已经开始形成了。那一天，天风诸子齐集天风楼祭奠，并联合作画一幅以纪念先师生前的教诲。这幅《高奇峰画像》现藏于广东博物馆，由六人协力完成：黄少强描绘遗像，周一峰写石，赵少昂绘松枝，叶少秉抹菊花，容漱石点苇苔，何漆园写题记。所画的高奇峰身着白色长袍，气定神闲地坐于以菊石做背景的石凳上，身后是一棵苍劲的老松树，将奇峰先生倔强而高迈的性格与精神表现得很到位。这一极具纪念意义的画作，在很长一段时间作为天风诸子举办书画联展时的第一件作品陈列于展场的中心位置。这个惯例，更是一直延续到 20 世纪 40 年代末。

奇峰先生驾鹤西去多年后，赵少昂曾作画一幅：远处高山连连，有流水从山涧飞泻而下，一个宽衣阔袖如小墨点的“我”立于高山下的矮山坡，引颈仰望着眼前的高峰，仰慕之情历历可见。高奇峰自号高山翁，此画正是赵少昂缅怀奇峰先生的寄意之作。赵少昂将之题为《高山仰止》。

古有子贡为贤师孔子结庐守墓 6 年师徒情深似海的佳话，今尊师至诚的赵少昂也应列为同门内的楷模。此外，赵少昂还曾为恢复高奇峰的天风楼而积极奔走。高奇峰逝世前作画授徒和养病的天风楼在新中国成立后被政府某部门长期占用。

自写诗 1953 年 104 cm×29 cm

奇峰先生临终前，曾希望天风楼捐出后可以用作美术教育场所。先师的这一遗愿，一直萦绕在赵少昂的心间。他曾考虑向广州政府建议收回该楼，用作后来人纪念高奇峰和艺术交流的场所。由于政治和其他诸多阻挠的因素，久久未能如愿。待到改革开放的春风吹醒岭南大地，文化艺术复苏势不可挡时，赵少昂恢复天风楼的意念又复燃了。他多次致函省、市有关领导提出要求。由于涉及太多程序、规则方面的问题，赵少昂在辞世前依然未能看到天风楼复为美术所用。近年，由于岭南画派的影响日益壮大，天风楼据说准备修复开放给公众参观了。赵少昂多年前的梦想，或许可以成为现实了。

一脉相传，赵少昂的尊师重道，确实为后世立下了榜样。无独有偶，赵少昂的嫡传弟子欧豪年，近十年来也一直为恢复太师父高奇峰在南京栖霞山的墓葬之地奔走努力。最终经由多方面的帮助，在 2003 年修葺和恢复了高奇峰在战争中早已塌陷的墓碑和墓穴，为后人瞻仰、缅怀这位艺术大师做出了重要贡献。

除了学画，赵少昂还用了许多时间来学

草书诗两首 1948年 132 cm×33 cm

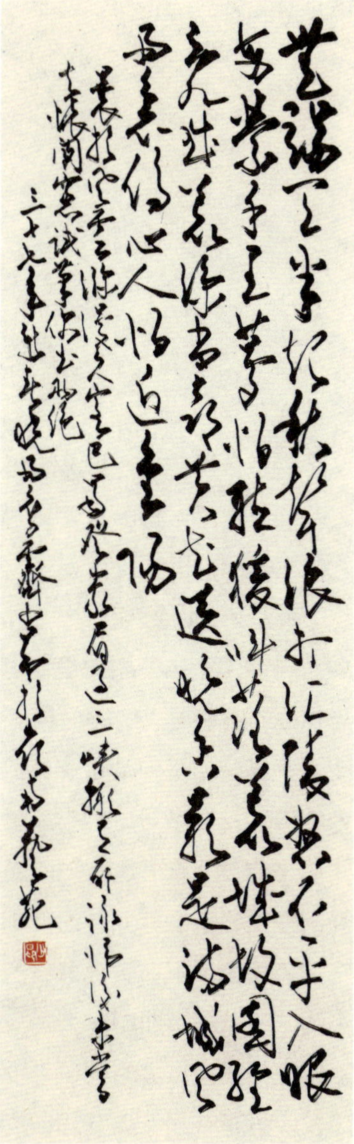

文、学诗。诗与画，自古便是一家，同源而分流，其血脉始终相通相连。苏轼就曾经说过："古来画师非俗士，摹写物象略与诗人同。"宋代郭熙亦认为："诗是无形画，画是有形诗。"甚至在遥远的异邦，有古希腊诗人也相信"诗能言画"。高奇峰所作《美感与教化》一文，同样特意提到"诗趣"，认为应该将由物象引起的联想，还有诗文及有关的故事加以引申，融入绘画中。由此可见，赵少昂在学画的同时学诗、学文，并非是没有传统与来历的。

其实早在1924年，赵少昂就加入了由高剑父、陈树人、张纯初等人创建的清游会。据《荔湾文史》第二辑记载，清游会是研究诗文书画金石的纯文艺性群众团体，不带任何政治派别色彩，会员定期作文酒会。清游会的文酒宴会，气氛热烈欢畅。"与会者徜徉其间，观摩作品，辨难析疑，啸咏挥写；时亦结伴游览白云、丹霞、罗浮等名胜古迹，探胜觞咏，畅叙幽情；亦有谐谈雅谑，俗不伤雅，巧不落俳，同人每集，或则征歌选曲，欢洽无间。"三水宿儒黄祝蕖也是清游会的成员，他的诗

柳间分蝉 年份不详 30 cm×37.5 cm

文俱佳，每有新作都与大家切磋互乐。几年间，赵少昂深得熏陶，文学积累日益深厚。

为了在诗文上有更深的积累，1932 年，赵少昂还与傅日东、熊伯征共执弟子之礼向黄祝蕖学诗。次年，黄少强、周千秋、陈海天、李抚虹、吴天任等人也加入黄祝蕖的夜班学诗。

黄祝蕖，原名黄荣康，字祝蕖，是佛山市三水人，生于清末年间。他年少家贫，勤勉向学，精通诗词古文和骈赋，致力讲学，学生遍布南粤，有“岭南儒宗”之誉，与香山的黄慈博、南海的黄任恒，并称“广东三黄”。

黄祝蕖和赵少昂的成长背景很相似，都是幼年丧父后赖母佣工供读，年少得亲戚资助发奋学习。早年，黄祝蕖在乡试时因户籍问题被人羞辱，干脆放弃官场仕途，抱着“鬻书而食”的愿望，效仿古代布衣在南海平地讲学长达二三十年。其间他得到宗亲黄任恒的赏识，常常借书给他阅读，逐渐积累了儒者的学养。后在门人的邀请下，黄祝蕖一度离开家乡，到广州讲学，节衣缩食购置一宅院，取名为“凹园”。凹园内碧树成荫，翠竹摇曳，草屋三楹，内有图书满架，常见主客论文其间。可惜的是，一段短暂幸福的生活被战争摧毁了。1938 年，华南战争爆发，日军在大亚湾登陆，广州眼看就要沦陷，黄祝蕖在周千秋等门人的再三敦

荔熟蝉鸣 1975 年 30 cm×37 cm

促下，不得不带着悲愤离开苦心经营的家园，回到故乡三水芦苞。

儒家向来重视诗教，强调诗文、德行的合而为一。深受儒家典籍滋养的黄祝蕖也不例外。在教学中，他时常将道德融贯在诗文中，力图使道德与文艺相结合，务求“有益于人心，有裨于学问”。学习期间，赵少昂深受黄祝蕖的儒家学说影响，其日后的为人处世当中，都留有很深的道德印记。

黄祝蕖讲诗文，先讲《诗经》《左传》《楚辞》《诗选》《词选》《古文选读》《骈文选读》等古典名著，目的是使学生打下扎实的古文基础。赵少昂为人谦虚，勤奋好学，跟随黄老学诗后，文章修养日渐丰赡。同门中的佼佼者吴天任曾这样赞誉赵少昂：“绘事自然，兼长书法，诗飘飘有逸气……其书画与诗，固将并擅三绝云。”

读赵少昂的诗，从早期游广西梧州所作的“未别鸳江意黯然，骊歌新唱意翩跹；云光十里千山碧，江水依依送客船”，到后期欧洲之旅的“登临犹有沧桑感，历劫于今瞥眼间；云过无声整塔动，欲从天际摘星还”，简直就是一个穿越古今的视野大跳跃。他的花鸟佳作《迷漾月色满横塘》，同样配有七绝一首：“迷漾月色满横塘，几叶残荷减翠妆；夜来露重凝冰雪，吱吱寒雀话荒凉。”诗句音韵调和，意境悠远，虚实相生，达到了“诗中有画，画中有诗”的境界。

空心吸露怜高洁
1965 年
30 cm × 38 cm

秋草鸣蝉
年份不详
30 cm × 37.5 cm

秋蝉展翅
年份不详
30 cm × 37.5 cm

清代叶燮论诗与画曰："画者，形也，形依情则深。诗者，情也，情附形则显。"当一个人的诗和画能自然融合在一起，合而为一，也就可以窥见诗与画中所彰显的个人性情。日后，晚年的赵少昂作画《竹蝉图》题诗云："竹同君子节，蝉与我心清；居高身自远，露重见坚贞。"以蝉作比兴而自喻，可见画家的诗意里有着无尽高洁的情怀。

赵少昂喜爱画蝉，他的一生都与蝉自比。诗人黄祝蕖也深知这一点，在应邀为赵少昂的画室起名时，他根据《汉书》中"有周氏之蝉嫣兮"这一句子将之命名为"蝉嫣室"，意为连绵不绝的美好，既古雅又充满生机，耳边仿佛不期然就响起了连绵不绝的蝉声。赵少昂为祝蕖师如此了解自己而感动，心里充满了感恩之情。1936 年，赵少昂以"蝉"为创作主题的《蝉嫣集》出版，这是自我个性的表述，更是以这一画集来表达对老师的敬意。

抗日战争期间，黄祝蕖返回三水芦苞避日寇，曾写诗痛斥汉奸。他曾撰《兵中怀人诗》115首，所怀213人，于兵乱中寄怀亲故。赵少昂获此诗稿后，于1941年春与熊伯征、陈居霖在香港出资排印成册，分赠同好。赵少昂还亲自作跋曰：

"右兵中怀人，绝句一百十五首，吾师三水黄祝蕖先生所撰也。自广州沦陷后，音书阻隔，昂等辄以师之行止为念。其或遥返芦江，或他徙，尤为萦注。近从止园兄（即谢子祥）处，得阅师由珂里来书，并近是篇，计怀二百十三人，词挚旨奥，且见情重谊深，不遗在远，至为深感。而师之学养深邃，于漫天烽火中犹能抚髭微哦，世虽乱而心不乱，迩足钦也。因相与钞印多页，以代寄其所怀及同好者。己卯春识于香江。"

1945 年 8 月 2 日，日本投降前夕，避乱乡间的黄祝蕖逝世长眠，赵少昂、吴天任、郑春霆、周千秋等弟子得知消息后悲痛不已。就像对待高奇峰一样，为报答师恩，缅怀先师，每逢先师忌日，赵少昂等旅港故旧门生、私淑弟子等必定

碧水净无尘 1953 年 69 cm×103 cm

聚会悼念，数十年里甚少间断。

1956 年，黄祝蕖逝世 11 周年悼念会在香港举行。与会者瞻仰黄祝蕖画像、遗书手稿，讲诵遗诗，并在香港各大报刊发新闻稿，刊载凹园撰著。同人悼念诗文，以彰其德。吴天任率先赋诗一首敬示同门诸友：

忍说西河旧学论，每逢此日痛犹新。
定知拱木灵长护，宁谓春风迹已陈。
梦里精微终隔世，年来板荡可无人。
茫茫坠绪吾曹事，莫遣重泉有叹呻！

赵少昂则作了一幅《山高水长图》，绘高山飞瀑，颂扬先师高德，题曰：“先生之风，山高水长，敬为祝师诞辰而作。”

周千秋亦作《求慊斋读书图》：凹园掩映于树竹丛间，田塍篱落，主人读书草堂中，乐而忘忧。题曰：“十年前曾画《凹园读书图》，来美洲后不知放置何处，现祝师遗稿付梓，因画《求慊斋读书图》以补之。”

1934 年，赵少昂与黄少强、陈荆鸿等人北上游历，足迹遍布浙江、江苏、安徽、山东、河北和山西等地。湖光山色，烟树重峦，云涛林舍，缭绕青峰，大漠孤烟，还有长城、云冈等名胜古迹，一一摄入脑海。这也给赵少昂等人带来了许多灵感。他时常觉得，只要拿起笔墨，胸中丘壑，心中块垒，仿佛随时都会喷薄而出。

国民政府主席林森非常欣赏赵少昂的才华，在他北游期间，先后为其在南京、天津、北平等地举行了个人画展。据 1971 年香港出版的《少昂画集》（第十九辑）中记录，时任国民政府行政院院长的汪精卫亦为其画展题词：“高奇峰先生逝世

1934年广东画家与上海画家在沪上合影。前排左起：孙雪泥、赵少昂、陈荆鸿、黄少强、陆丹、黄宾虹；后排左三钱瘦铁、左四张聿光、左五贺天健、左九郑午昌

一周年，其高足弟子赵少昂先生携所作画至首都展览，见者以为奇峰复出也。嗟乎，火尽薪传，可为奇峰慰，亦可为艺林喜矣。”由此亦可看出，当时国民政府对岭南画派的重视，以及对赵少昂画艺的推崇。

有了政界人士的极力推荐，还有各种报刊等媒体对个人画展的宣传，北上期间，赵少昂的名气日隆。抵达北平后，也先后出席了诸多文艺酒会，其时名家雅集，谈笑风生。著名的京剧表演艺术家梅兰芳先生诚邀他共同进餐，并赠送扇面作为见面礼。赵少昂还与现代著名国画家黄宾虹先生相约而聚，一老一少互相交流画技，不亦乐乎。

赵少昂与黄宾虹的交往早在此次见面前就已经开始。据资料记载，1930年创办岭南艺苑时，赵少昂就曾给黄宾虹先生去信，请他题写岭南艺苑图卷。这幅图卷后来就挂在艺苑屋内的墙上。对于学艺，赵少昂总是抱着虚心向学的心态，从老一辈文人画家身上学习到的东西是永远不嫌多的。

北上游历的这段经历，给赵少昂留下了深刻的回忆。

同年，奇峰先师逝世一周年，黄少强、赵少昂、叶少秉、容漱石、周一峰、何漆园等六人在广州创立“六人画会”，并于8月在香港利园佛学会举办“六人绘画展览会”。从此，联合画展成为众弟子每年纪念先师的一个重要活动。这种团体式缅怀先师的举措，也获得了老一辈文人们的赞许。它体现了弟子们饮水思源、尊师重教的美德，更是对艺术情怀的一种传承。

三／乱世动荡　宣扬艺事

1937年是农历丁丑年，民国二十六年，日本侵华的范围进一步扩大，许多北方城市相继沦陷，抗日战争在中国全面爆发，广州面临着前所未有的危机。人民生活在水深火热之中，历史在苦难中被记载，也在苦难中被遗忘。所幸的是，文化教育在战火中并未全然中断，诸多艺术传道者依然执着地用各种途径来唤醒人民内心对光明和美好的追求。

此时，赵少昂出任广州市立美术学校中国画系的主任。时任学校校长的是李研山，自1931年由李研山接任后，该校的学风大大改良。李研山延聘国画研究会中坚赵浩公、李凤公、张谷雏、卢振寰、黄君璧等担任国画科的教授。西洋画科则请前校长胡根天再度出山，同时聘请留洋归来的赵雅庭、何三峰、陈士杰、谭华牧、关良和本校毕业的李桦、吴琬（子复）等为教授。李研山这一中西画并重、传统画与新派画并重、理论和实践并重的教学理念，受到诸多师生的欢迎。

4月份，国民政府在南京举行第二届全国美术展览会。广东的高剑父、胡根天、任真汉、鲍少游、方人定、李研山等被聘为第二次全国美展广东预展会筹备委员。为避免派别之争，公平筛选参展的作品，广东的预展会按照新派和旧派分开自审。展会的新国画审查员有高剑父、鲍少游、方人定、任真汉，共4位；传统画审查员有李凤公、赵浩公、温幼菊、姚粟若、李研山，共5位。

赵少昂从校长李研山处得知展会的大概情况后，开始认真着手准备参展作品，希望能通过这次展会将自己最好的作品展示给大家欣赏。

展会开幕前，赵少昂就赶赴南京准备参加展览的事宜。在展会上，除了高剑父的春睡画院众学生的作品，赵少昂还看到了自己的作品和其他同门的画作在新国画区展出。这包括赵少昂的《晓来微雨蕉花紫》，容漱石的《双鸠晓梦》，何漆园的《萧萧挂冷枝》，黄少强的《蓬门两绣妇》，叶少秉的《碧潭漾月》《野塘清趣》《濠乐》，周一峰的《寒鸦》，张坤仪的《风炉红花却倒吹》，等等。

待看到先师高奇峰的三幅遗作《山水》《鹰》《狮》，赵少昂不禁悲从中来，希望高师在天有灵，看到今日新国画的蓬勃发展能安息。

从展览会的筹备委员和审查委员艺术身份之显赫，参展艺术家作品分量之重，可看出这次展览规模之盛大。从参展作品的比例上也可看出，新国画在数量上已可与传统绘画相抗衡，呈现出更为蓬勃的生命力。

7 月份，北平、天津均已沦陷，战火开始往南方蔓延。危急中，上海文艺界成立了抗日救亡协会，身在广州的赵少昂也举办赈灾画展，将卖画所得捐予受灾民众。11 月份，上海也沦陷了，南京国民政府迁都重庆。战争开始逼近广州，局势变得混乱。大批民众开始四散逃难，广州郊外的乡下成为平民们逃难的首选。

看着自己的大家庭，母亲已年迈，儿女尚小，赵少昂开始焦虑起来。考虑到躲到乡下也只是权宜之计，思前想后不如先到香港去，香港是英国殖民地，终究比广东安全。主意既定，赵少昂和妻子郭佩馨商量后，独自一人先去香港探路，待暂时稳定再接家人过去。

出发前，赵少昂将家人全部聚集在一起，包括岳母和母亲，还有自己的妹妹，细心交代事宜。一家子近 10 口人就暂时寄居在广州郊外的亲戚家。

次年春，赵少昂冒着危险，悄悄地回广州把家人接到了香港，落脚轩尼诗道，一家人总算暂时团聚。

日本发动全面侵华战争后，内地受日本侵略者的蹂躏，上海、南京、武汉等重要城市相继沦陷。1938 年 10 月 21 日，日军占领广州市政府，广州沦陷了！香港在英国人的统治下仍属偏安之地，大批内地难民纷纷迁居香港，把香港当作临时避难所，或是通往大后方以及其他地方的中转站。在这百万难民中，不乏书画家、国学家、收藏家。他们的到来，给香港带来了前所未有的文化冲击。

这个时期，以倡导“新国画”为目标的岭南画派在香港获得了发展的契机。

1940 年，赵少昂（右）与德国驻华大使陶德曼（左）在香港合影

同期抵港的岭南画派画家有周一峰、赵少昂、黄少强、方人定、关山月、容漱石、杨善深、黄独峰、司徒奇、李抚虹等。他们抱着艺术救亡的理想在香港成立画会，举办画展，宣传抗战，以抗日题材的作品唤醒人民对民族危难和救亡运动的认识。香港一时间成了与西南大后方并列的抗战文化中心。

1939 年，在香港安顿好家人的赵少昂，又全身心投入到艺术事业中去。他在香港设立岭南艺苑，延续广州岭南艺苑的形式开展教学，为培养艺术人才而尽心尽力。其后，他在香港的圣约翰教堂举办了师生画展，得到社会各界人士的关注，也进一步扩大了岭南画派的影响。

1940 年，随着日本的侵略范围在华南地区的进一步扩大，战火已逐渐逼近香港，世界局势突变。英、美、法、德、意等帝国主义国家开始召回各自的驻华大使。

国难处处，避无可避。

此时，德国政府已下令召回驻华大使陶德曼。陶德曼在返回德国前途经香港。在港滞留期间，他拒见宾客，却特意前往拜访赵少昂，还购买了赵的画作，为赵少昂的作品刊辑撰文作序，赞誉其卓越的艺术水平和才情。可见在 20 世纪 30 至 40 年代，赵少昂的艺术作品被更多不同阶层的人认可。

盛名早已远播，赵少昂却还是尽量保持低调的作风。他的画作拒绝标高价，同时积极参加各地的筹款赈灾画展，试图尽一己之力而挽救受难的同胞。1940 年，他的作品又参加了香港的筹款画展。

1941 年年底太平洋战争爆发，香港再也不能置身战火之外。12 月，日军空袭了香港启德机场，接着沿香港边界发起进攻，留守的英军抵抗乏力，香港最终失守。

旅港的文化人纷纷开始撤离，赵少昂不愿屈服于日本人的统治，深以卖艺求荣为耻。他慌忙分散家人，让母亲、妹妹和岳母等老弱妇孺暂避广州，他和妻子儿女们则秘密离开香港奔赴澳门，再辗转到地处广东南面较为偏远的广州湾。

江川夕照 年份不详 68.5 cm×113 cm

广州湾即今日的湛江，地处广东的西南端，是港口城市，商业经济繁荣，彼时暂未落入日本的魔爪。

赵少昂落脚广州湾后，由于声名远播，登门求学的学生络绎不绝。为稻粱谋，更为在国难中自我鼓劲，赵少昂遂设立岭南艺苑分苑，开班授徒，继续提倡美育。此外还在当地举行了个人画展，吸引了众多画家、地方政要前来参观。因赵少昂等一班文人的到来，广州湾这个粤西小城的艺术氛围霎时变得浓厚起来。

暂居广州湾半年后，重庆国立中央大学和国立艺术专科学校发来电报，邀请赵少昂入川担任教职。接到电报的赵少昂忧心忡忡，他自知有传播美育的责任，义不容辞，但眼下广州湾形势已吃紧，战争随时都会打响。兵荒马乱之际，他不可能独自离去，让家人留守险地。正当赵少昂愁眉紧锁时，学生赖汉适时而现。他建议老师先将家人安置到粤西小城茂名去，食宿方面让老师不用担心，他自然会负责。得到赖汉妥善的安排后，赵少昂赴川的计划才能得以实现。

与家人依依惜别后，赵少昂离开广州湾，取道广西桂林前往四川。“路漫漫其修远兮，吾将上下而求索。”赵少昂肩负着艺术传播的重任，在战乱时期，不顾个人安危，毅然踏上了漫长的进川之路。

取道桂林是为了避开广东的战乱，当时整个广州都已落入日本侵略者手中。到达桂林后，赵少昂受到了热烈的欢迎。广西亦地处岭南，毗邻广东，其绘画艺术和岭南画派有着极深的渊源。岭南画派的鼻祖居巢和居廉两兄弟就曾客居广西约九年，在广西军阀张敬修的旗下做幕僚清客时，其足迹遍布广西多个市镇，画友众多，在广西产生了一定的影响。

桂林象鼻山 1964 年 61 cm×106 cm

再往后，1930 年，也就是民国十九年，由广东一些军政界人物组织了一个“五五”旅行团。成员中有军界人物陈道行、吴一飞等，也不乏叶恭绰、梁培基等文人志士和商界中人，岭南画派创始人之一的高奇峰亦偕张坤仪参与其中。他们各携家眷参加，一共 25 人，5 月 5 日由广州乘船前往广西，故称“五五”旅行团。抵达广西后，他们集结文人雅士、政界人员等，常常举行文酒之会和作品展出，与当地不少军政文人结下不解之缘。

有了如此铺垫，赵少昂入桂后，与桂林的军界人士也很快熟络。同时，学生兼好友的周千秋在广州沦陷后已先行抵达桂林，在赵少昂的授意下开设岭南艺苑桂林分苑。桃李满天下的赵少昂所到之处，皆能得到学生的拥戴，这与他平时虔诚育人的教育思想是分不开的。好的老师，总是会赢得学生的尊敬与爱戴。

1942 年，广西省教育厅为赵少昂在桂林举办了盛大的画展，画作得到各界人士的盛赞，反响极好。桂林的画展盛况一度传到广东，广东省教育厅为此特邀赵少昂前往曲江又举办了一场画展。

广西桂林素有“山水甲天下”的美誉。对于崇尚“师法自然”的赵少昂来说，桂林无疑是写生的天堂。桂林城内外分布着奇特而秀美的石灰岩峰林，有著名的独秀峰、叠彩山、象鼻山、伏波山等，还有芦笛岩等神奇瑰丽的地下溶洞。

面对美妙动人的烟雨漓江，鬼斧神工的灵山奇洞，赵少昂的空余时间几乎都用在了写生作画上。他的山水画佳作《桂林暮色》《桂林独秀峰》《桂林象鼻山》等，虽作于 20 世纪 60 年代，但都是根据桂林期间的写生稿而写成的。赵少昂在广西的写生画稿，数量多达近百幅。记忆中的桂林，时常伴随着这些写生

桂林暮色
1969 年
113 cm×69 cm

稿闪现：独坐一叶扁舟赏景，只见澄碧的漓江蜿蜒于丛丛青峰之间，奇幻多姿的山峰，则把那重重叠叠的身影轻盈地倒映在清澈见底的漓江之中。水上是景，水中也是景，眼前的一切，周围的一切，整个世界都如梦如幻，如诗如画。“桂林旧梦依稀如昨”，亲身领略过后，依然希望有机会再度领略。这是赵少昂一生中频频回忆的胜景。

清秀水灵的桂林山水，浸润了赵少昂的心灵，也持续地影响着他的艺术风格。他温润的笔致里，蕴含着明净水灵的格调，一种只可意会，不可言传的无穷韵味，似乎正是桂林山水里令人温暖的底色的映照。

纵情于桂林人间仙境的赵少昂，不知不觉已滞留数月，重庆国立艺专频频催促赵少昂尽快入川任教职。赵少昂只得简单收拾行装，与众多友人及秀美山水作别后，开始取道柳州、贵阳、花溪等地，前往四川。

客船刚入柳州，只见清澈的柳江穿越石山岩洞而过，像一条绿色的玉带。此处的泉水幽深碧绿，江流弯曲明净。无怪乎唐代柳宗元在柳州任刺史时用“越绝孤城千万峰”“江流曲似九回肠”的诗句来描绘柳州风光。赵少昂泛舟江上，忘情于景，只有手上的笔在挥动着，留下了一页又一页的写生稿。

辞去广西，途经贵州，逐渐进入四川。当赵少昂口中默念大诗人李白的“轻舟已过万重山”的诗句时，置身的客船已到了三峡。三峡好风光，赵少昂写生作画不亦乐乎，祖国的河山何其壮丽啊！1962年赵少昂在香港写成气势磅礴的《三峡暮色》，现实与梦幻交织的那片仙境跃然纸上：暮色中的三峡，白雾缭绕，群峰连绵，山岩陡壁下停泊着几条篷船，一只白鹭凌空飞过，打破了沉寂。在赵少昂看来，三峡的雄奇险峻有别于广西的奇峰异林，江边的山峰连绵不绝，云雾缭绕，壁岩陡峭。雄奇的山川江流，大大开阔了赵少昂的胸襟与眼界，进一步构建了他的审美情趣和绘画风格。进川之路，同样为赵少昂日后的山水画创作提供了大量素材。

峨眉
1948 年
104.5 cm × 58.8 cm

一路辗转，赵少昂终于抵达四川。安顿好住处后，他前往国立艺术专科学校国画科报到。最高兴的事情，莫过于与老朋友徐悲鸿等人重逢。为避战乱，当时徐悲鸿所执教的南京中央大学早已迁往山城重庆。赵少昂入川，也是因为徐悲鸿这个老朋友的极力邀请。在重庆期间，赵少昂住在荫屋马公馆，过起了教学相长的生活。随着国民政府迁都重庆，国立艺专其时集结了大批的绘画大师。赵少昂有了和其他绘画大师亲密交流的机会，如徐悲鸿、傅抱石、黄君璧、沈慧莲等。他们常在周末相聚，把酒论诗画，战争的阴影暂时得以摆脱。

闲暇时，他还会约上三五知己，结伴外出写生，足迹遍及峨眉山、青城山等名山。赵少昂笔下烟云变化，将峨眉之秀，青城之幽，报国寺之禅，都描绘得形神兼备，诗才与画意俱佳。赵少昂在四川结识的好友董寿平回忆起那段相识的日子，由衷地赞叹道：

“甫入庭，即闻朗朗吟诗声，盖少昂不独精于绘事，且旁及诗词文章、中西哲学，莫不通晓。其为人也胸怀坦荡，下笔纵横自如，刚健中含婀娜，荒率中透妩媚，精擅山水花卉虫鱼禽鸟妙能入神，生气栩栩，跃然纸上。”

据赵少昂个人回忆，在四川的一年是他创作最丰富的一年，也是创作激情最强烈的一年。入川和出川的途中，所作的大量写生画稿为他日后的创作提供了源源不断的灵感和激情。

1944 年，赵少昂的个人画展在重庆举行，徐悲鸿先生特意在当地的报纸上刊登广告，广为宣传、推介赵少昂的艺术。文曰：“番禺赵少昂先生，早岁曾游艺坛名宿高奇峰先生之门，天才豪迈，有出蓝之誉。十年以前，即蜚声于海内外，当时故主席林公及德大使陶德曼俱精赏鉴，咸购藏先生之作，推崇备至。事母至孝，故恒居南中，迨港沦陷，先生独不屈，间关入国，至韶、至湘、至桂、至黔，借旅行以宣扬艺事。其卓绝之艺，敦厚之性，所至并为人坚留而不令行，其画可爱，抑其品尤可慕也。余尝赠以诗曰：‘画派南天有继人，赵君花鸟实传神；秋风塞上老骑客，烂漫春光艳羡深。’兹因先生应‘中大’及艺专之聘入都，同人咸请展览近作，用发扬新兴艺术，并飨文化界同人之望也。是为启。”

“画派南天有继人，赵君花鸟实传神；秋风塞上老骑客，烂漫春光艳羡深。”徐悲鸿的这首诗，频繁被后之来者用以评价赵少昂花鸟画，也成为“经典”。徐悲鸿与赵少昂的交游始于笔墨，两人常合作写画，情感深厚。徐悲鸿早年与“二高一陈”结交，成为画坛盟友。与赵少昂的相交，也是徐悲鸿与岭南画派交往关系的延续。早在 1938 年 9 月，徐悲鸿准备随国民政府撤退重庆大后方前，抵达香港。其间与避居香港的赵少昂相见，劫后相逢，两人唏嘘不已。

谈到战乱，徐悲鸿悲从中来，说道：“少昂兄，如今国难当前，你我妻离子散，境况坎坷，唯有奋发作画图强。”

赵少昂点头同意：“确实如此，身为一介文人，虽无力奔赴沙场，杀敌救国，但也绝不能做投机取巧之事。我们合写一幅画来互相鼓励吧。”

徐悲鸿欣然同意，两人挥洒笔墨，一幅《秋声图》遂成，题识曰：“戊寅晚秋，少昂写蝉，悲鸿为足成。”

徐悲鸿还拿出为其妻廖静文作的《梅花》图轴，说道：“少昂兄写蝉实在高明。此《梅花》图是我准备送给静文的礼物，还得请兄点石成金，锦上添花。”

赵少昂对徐悲鸿一路坎坷的感情经历略有所闻，乃道：“悲鸿兄情深意切，少昂也深为感动，不敢有推托之意。”于是挥毫补蝉，并钤白文印“赵少昂鉢”，徐悲鸿题识曰：“静文爱妻惠存”。

两人的笔墨交游，一直从未间断。《红棉小雀》是徐悲鸿写红棉，赵少昂在 1940 年暮春补小鸟鲜花而成。1943 年，赵少昂抵川前，客居贵阳，与徐悲鸿为贵阳耀卿合作《古柳黄鹂》图轴，赵少昂画黄鹂，徐悲鸿写古柳并题识。1943 年，两人同在重庆，日常相聚，乃合作《雄鸡翠竹》图轴，由徐悲鸿写鸡和题识，赵少昂则写翠竹。

两人在切磋画艺当中彼此了解，相交至诚，于是有了徐悲鸿对赵少昂重庆个人画展上的赞词。徐悲鸿真实而中肯地归纳了赵少昂的艺术成就和人品。

入川之路上举办的展会和在四川重庆、成都的展会所得款项，赵少昂全部捐赠给了广东灾区。难怪徐悲鸿对赵少昂的为人德行有着极高的赞誉。

同年，赵少昂的作品还参加了在重庆举办的第三次全国美术展览会。

1944 年既是赵少昂创作的丰收年，又是他极为悲痛的一年。赵少昂的母亲在广州沦陷区病逝，当时身在大后方重庆的赵少昂因战乱通信严重滞后，收到母亲去世的消息后已赶不及回广州。身为人子，却未能尽孝，这让他痛苦不已。为弥补未能见上一面母亲遗容的遗憾，他特请徐悲鸿先生题赠“梦萱堂”字一幅，以示永久的纪念。

今天，我们在赵少昂的岭南艺苑和广州艺术博物院赵少昂专馆里都可以看到一块著名的匾额：“梦萱堂：少昂念母，以颜其居，卅四年初冬，悲鸿题”。这是赵少昂回广州后将其制成木雕横额，挂在画室内以表哀思的。在古代，“萱草”指母亲，“梦萱堂”道出了赵少昂借“萱草”来思念追忆慈母的深情与哀思。在过去，这块横额下还摆有一尊由雕塑家李金发所雕的慈母像，那是早年入川前，赵少昂委托李金发为母亲所作。可惜“七七事变”后被毁于广州战火。今天在香港岭南艺苑摆的是李云做的赵母浮雕。

母亲病逝的伤痛尚未愈合，客居山城的赵少昂夜半卧听窗外连绵雨声，不禁悲从中来。想到自己自 1942 年年底离别家人，从广州湾入川，算来已有两年多，不知道此时妻子儿女是否已安寝。偶到家书一封，面对妻子的报喜不报忧，赵少昂的心境正与李商隐若合符节：“君问归期未有期，巴山夜雨涨秋池。何当共剪西窗烛，却话巴山夜雨时。”

赵少昂渴望回家团聚的愿望，越来越强烈了。

1945 年夏，前线终于传来好消息。先是苏联攻克柏林，德军正式向盟军投降，二战欧洲战场的战争宣告结束。9 月 2 日，同盟国正式在东京湾的美国“密苏里”号巡洋舰上接受日本的无条件降书。至此，中国八年抗日战争胜利结束，世界反法西斯战争也胜利结束。

抗战胜利的消息，很快就传遍大后方重庆，人们一片欢呼雀跃。一直笼罩在伤痛阴影中的赵少昂，心里仿佛雨过天晴，架起了一道彩虹。昨日风霜去，今朝始等春。回家的愿望就要实现了。

1945 年 9 月，捷报连连的时刻，画家陈之佛在大后方迎来了自己的 50 岁寿辰，一班文人画友们自然不能错过畅聚的机会。徐悲鸿、赵少昂、吕凤子、傅抱石等在重庆沙坝金刚饭店为其祝寿。席间，大家举杯畅饮，把战争的烦恼抛之脑后，积极憧憬未来。陈之佛画名显赫，联合大家在宴会上一同即席挥毫泼墨。赵少昂在重庆的最后一段日子，留下了美好的回忆。

参加完陈之佛的祝寿会，赵少昂归家心切了，遂与老友徐悲鸿等人辞行，先行离开四川。赵少昂依然取道贵州进入广西，途经柳州又一次举行了个人画展，为扩大岭南画派的影响出了一份力。

四/薪火相传　自立风格

回到阔别 7 年的广州，落叶归根的感觉顿时涌上赵少昂的心头。八年抗战期间居无定所、风雨飘摇的生活，使他决定在和平西路湛露直街购置房屋，把家安定下来。

购置的房屋是典型的西关骑楼，有着青砖墙角纳彩玻璃，阳台雕花小栏杆的两层楼。小楼经过一番精心的改造修缮，无论采光或布置，都比原来要好太多了。一踏进趟栊角门，即可见一楼的厅堂，中间是一具十联的屏风，上面有赵少昂的牡丹花等手笔。屏风后是摆放着桌椅的饭厅。厅堂之上挂着徐悲鸿题字制作成的木牌匾"梦萱堂"，格外醒目。屏风后厅中有四盏宫灯，互相映照。壁上所挂的，则是高奇峰、陈树人、张大千、徐悲鸿、叶浅予、黄君璧、邓芬等众多名师好友的画作。书案台上左壁上则是一张齐白石的水墨荷花，款书："少昂画良友论定"。厅堂后壁挂着张大千书"梦萱草堂"横匾，横匾下开一小窗，可窥天井草木，阳光透过屋顶的天窗射下来，一派澄明宜人的氛围。窗下置一大书案，主要供教授生徒时使用，赵少昂自己的画室和寝室在楼上。

家安定下来了，赵少昂又时刻记挂着美育传播。言传身教，薪火相传的责任，是赵少昂所念兹在兹，无日或忘的。1945 年年底，历经战乱动荡后，赵少昂在广州家中重启岭南艺苑，继续开班授徒。

战事平息后，与赵少昂一样返回广州的，还有高剑父等人。1938 年 10 月日军占领广州时，高剑父创立的春睡画院被日机炸毁，校舍尽毁，学生离散。高剑父则辗转至澳门，避居普济禅院。由于上门从师深造的学生众多，高剑父便在普济禅院妙香堂继续主持春睡画院的教学工作。1945 年 10 月，高剑父带着全部画作从澳门回到广州，抱着"艺术要民众化，民众要艺术化"的理想，全副心思放在办学工作上。回来后，即在春睡画院原址创办"南中美术院"并担任校长一职，为广州画界办学育人，壮大新生力量做出了重大贡献。

归鸟 年份不详 30 cm×37.5 cm

热爱艺术的岭南画家们重又活跃起来，各种画展也开始复兴。1946 年，广东省艺专和南中美术院在广州市中山图书馆联合举办庆祝美术节的画展，高剑父带领众多弟子参展，赵少昂也参与盛会，积极支持剑父先生，把好作品拿来参展。次年，高剑父又担任召集人，协助广东省和广州市举办“粤穗书画界赈灾书画展”。不论新国画派还是传统画派都踊跃参与，为赈灾出力。

1947 年，初夏时节，岭南画派另一创始人陈树人从南京返回广州。抗战早期，陈树人就随武汉国民政府迁往重庆，其间目睹赵少昂在重庆活跃的身影，对赵少昂始终有着前辈对后辈的关怀和欣慰。1946 年，陈树人偕家眷飞往南京，1947 年 5 月返回广州探亲，时任国民政府侨务委员会委员长。

陈树人甫一归来，高剑父的春睡画院和春潮社的同仁就为他举行了一个盛大的欢迎会，众艺术大家齐聚一堂，为劫后重聚举杯欢庆。

新国画派领军人物高剑父、陈树人先后回归，让彼时的广州画坛显得热闹非凡。眼见此时的艺术氛围浓烈，两老聚首的机会又如此难得，赵少昂与杨善深这两个老朋友开始悄悄商议：请高剑父与陈树人两位大师和他们几位后辈开一场联合画展。

杨善深早年有缘在香港结识剑父先生，抗日时期也避难于澳门。闲暇时经常与高剑父、关山月、司徒奇等出外写生，一直保持着良好的师友关系。赵少昂提议由杨善深向高剑父提出。杨善深禁不住赵少昂的鼓动，壮起胆来到了春睡画院拜见高师。高师听完杨善深的提议后，觉得两个后生的想法很好，欣然答应。

得到高师的应允，赵少昂和杨善深都异常兴奋，连忙找来黎葛民和关山月一起参与。六人画展的筹划胜利在望，就差陈树人点头了。

一日，高剑父、陈树人、赵少昂、关山月、杨善深、黎葛民相聚茶楼上。岭南画派的老少两代互问近况，谈艺论画，气氛十分融洽。

陈树人望着鬓发斑白的剑父先生，不胜唏嘘，低头道："但愿共健在，悠悠到期颐。四十年老友，念兹常在兹。咏叹复长言，吟寄千字诗。剑父兄，可曾记得此首诗？"

高剑父感叹道："怎会不记得？这正是仁兄几年前赠我的诗句。如今你我垂垂老矣，'但愿共健在'更令人感触良多！"

这是陈树人此前赠予高剑父的《寄怀高剑父一百韵》中的诗句。岁月老去，

1948 年，六人联合画展成员的合影。右起：赵少昂、关山月、黎葛民、高剑父、陈树人、杨善深

丹青常绿，足见艺术的力量可以不灭。“共健在”不仅是两老对彼此的祝愿，也成为今日相见的佐证了。

赵少昂见两位大师都有如此感触，更觉得提议举行联合画展是正确的决定，画展也必然会成为一个永久的纪念。于是他鼓起勇气，对一向关怀自己的树老说道：“树老，难得剑父先生和您在广州重聚，如今广州画坛重启，我们打算举办一个联合画展，继续推广新派国画，您是否能加入呀？”

陈树人点头笑道：“哈哈，剑父先生都答应了，我自然也不能拖后腿了。少昂呀，奇峰有你这个徒弟的传承，在天之灵也能宽慰了。”

两位大师都答应了，联合画展的事情终于可以落实。赵少昂高兴地和杨善深、黎葛民、关山月商量着画展的举办事项。

1948 年 4 月，两代岭南画派重要代表人物的六人联合画展在广州市中山图书馆举行，一时盛况空前。有两位元老人物坐镇，赵少昂、杨善深、关山月、黎葛民的作品影响迅速得到扩大，知名度节节提升。六人在画展开幕式的一张合影，更是记录了这一场盛会，体现了岭南画派师友间亲密无间的友谊，成为日后岭南画派研究的重要文献资料。

六人联合画展展出后，各界反响良好。众人要将这个画展移到香港圣约翰教堂和澳门中央酒店举办。同年，赵少昂还与高剑父、陈树人、黎葛民、关山月、杨善深在广州组织成立了“今社”，为提倡美育，弘扬岭南艺术而孜孜不倦。

战后，广州物是人非，百废待兴，教育体制的恢复，更是刻不容缓。赵少昂回到广州后，私立广州大学仰其大名，聘其为美术科教授。赵少昂欣然赴任，致力于公办性质的美术教育事业，同时也不放弃以一己之力在岭南艺苑进行私塾式的艺术传播。

1948 年秋，陈树人为将在香港筹办的个人画展日夜忙碌，一时劳累过度，竟突然吐血。10 月 4 日夜里，因胃出血抢救无效而去世，享年 65 岁。

作为岭南画派元老之一，陈树人早年就追随孙中山先生为民主革命而奋斗不已。一生醉心于艺术，和高剑父一起坚持把改革中国画作为艺术革新的途径，虽身在仕途，诗画却“清淡”，“余味隽久”。

赵少昂曾在《岭南三家》一文中评价陈树人的艺术风格：“树人先生尚秀丽。”陈树人的逝世，是中国画坛的一大损失，对赵少昂更是沉痛的打击——他失去了一位亦师亦友的好长辈。

1947 年，蒋介石发动内战，大量内地难民再度涌入香港，使得香港的人口激增，达百万。这次抵港的文化人、艺术家，在数量上比抗战前期有过之而无不及。他们联合穗港画家积极开展各类进步美术活动，声援内地的反蒋爱国民主运动。在经历长期的战乱后，这些艺术家早已摒弃当年的门派之见，合作气氛也日渐浓烈。

1948 年年底，国内的政治压迫日渐严重，赵少昂辞去广州大学的教职，移居香港后复设岭南艺苑，坚持授徒传艺。

岭南艺苑秉承的是传统的私塾教育，讲求师承。而赵少昂的恩师高奇峰在《画学不是一件死物》一文中曾如是说过：“画学不是一件死物，而是一件有生命、能变化的东西。每时代自有一时代之精神的特质和经验。所以我常常劝学生说：学画不是徒博时省，也不是聊以自娱的。当要本天下之饥与溺若己之饥与溺的怀抱，具达己达人之观念，而努力于缮性利群的绘事，阐明时代的新精神。所以我们学画，除了解剖学、色彩学、光学、自然学、古代的六法画学的源流应当研究外，同时更应把心理学、社会学也研究得清清楚楚，明白社会现象一切的需要，然后以真善美之学，图比兴赋之画去感格那混浊的社会，慰藉那枯燥的人生，陶冶人的性灵，使其发生高尚和平的观念，庶颓懦者有以立志，鄙信者转为光明，暴戾者归乎博爱，高雅者益增峻洁，务使时代的机运转了一个新方向，而后世观了现

白虎 1971 年 184 cm×95 cm

在所遗留的作品，便可以明白这时代的精神和美德及文化史实，这才是我们作画的本旨。”

在这一理念的影响下，岭南画派非常讲究发挥中西绘画之长，互相结合运用，以表现时代精神。高奇峰先生昔日对后学的谆谆教诲，给赵少昂指出了正确的艺术道路。赵少昂正是继承了其师高奇峰的艺术初衷“折衷中外，融汇古今”，并将其发扬光大。更重要的是他日后对岭南画派艺术道路的拓宽。

德育方面，赵少昂主张“虚心力学，广阔胸襟”，以孝德为先，为学生树立榜样。早年随黄祝蕖学诗的经历，让赵少昂深受黄老的影响，将道德与文艺结合，化作一股坚韧而绵延的人文精神，从而达到德艺双馨的艺术境界。赵少昂的《国画要诀》，第一点就是："余少孤，赖母佣工就塾，遂刻苦向学，冀达成吾母所冀望。"第二点是："靠高奇峰先生培育成才。"指出艺术的修行源自勤奋自觉，更离不开老师的教导。这是"德"在赵少昂身上的教化体现。

美育方面，赵少昂教导学生"前贤论画，作为参考，不可徒事仰慕，为古法所缚而埋没个性"。又强调"丹青虽好不如真"，学画应该师造化，勤写生。在香港，他身体力行，常常带领学生外出写生。

如何将德育和美育结合在一起呢？赵少昂有自己的一套方法。他对花鸟、虫鱼、走兽观察细致入微，带领学生外出写生时常告诫学生要注意观察揣摩。熟悉花鸟鱼虫走兽后，再教导学生把独特的性灵赋予这些小生物。如画虎，赵少昂除了强调虎的皮毛、色泽外，还特别提到"画走兽要威而不凶，猛而不恶"，他常对画虎画过了头的学生摇头说："这虎不成，太恶了。"

赵少昂多次强调自己的艺术观念是："师承有自，刻意创作，发前人所未发，造成一己面目，抱残守缺虽有可贵，余不取焉。"他很了解自己的艺术方向，致力于调适雅俗，从而赢得不同社会阶层的认可。香港岭南艺苑复馆期间，前来学画者众多，其门徒遍及港台地区，以及东南亚、北美、南美和欧洲多国。卓然成家者，也大有人在。台湾的欧豪年，澳大利亚的林伯墀，美国的陈厚练、林湖奎，香港的梁洁华、何凤莲、胡宇基、黄磊生等，都是赵少昂在香港岭南艺苑里培育出来的知名画家。

来岭南艺苑学习的学生都十分敬重赵少昂老师的为人。在他们眼里，赵先生为人和蔼可亲，笑容可掬，教学又极其认真，毫无保留。在课堂上，赵少昂会先示范如何运笔，怎样调色，并因材施教，逐个辅导。堂上所写的画稿，他会一一点评，当面指出好坏。对于好的，给予肯定鼓励，不足之处，则勉励学生努力改正。

赵少昂一生作画育人，责任感甚重，对学生感情真挚。“用心栽培，尽情关爱”，这是后来学生们对赵少昂教学的肯定。学生中有经济困难、生活困顿的，他得知情况后曾主动减免学费，还赠送纸笔颜料等，鼓励其不要轻言放弃。如学生办展览或出画册，他必定给予题画、题词等以作支持。学生如到外地或国外办展览，他会托有关方面关照帮助。

学生方召麟是 1949 年在香港跟随赵少昂学习花鸟画的一名女学生。方召麟自幼习画，有着扎实的绘画基础。赵少昂非常看好这位女弟子，毫无保留地传授技法。哪料天有不测风云，1950 年方召麟的丈夫因一场医疗事故身亡，留下她和八个儿女在人间。方召麟顿时心如死灰，再也没到岭南艺苑处习画。

赵少昂得知情况后极力抚慰，教导她从画艺中寻找解脱，要相信艺术的力量。在赵师的规劝下，方召麟也逐渐恢复了生活的勇气，重拾画笔，将花鸟画学得炉火纯青。

此前因为战乱，方召麟曾辍笔十年，是赵少昂的花鸟画唤醒了她，现在赵少昂又从悲痛中拯救了她。对于赵少昂，她是非常尊重和感激的。

学生欧豪年对赵少昂的用心栽培也一直感恩不尽。赵少昂曾在香港崇基学院开设一门选修科——中国画课。去美国办展前，赵少昂把学生欧豪年推荐给了崇基学院，希望由他来教授这门课。崇基学院也同意正式聘任欧豪年讲授中国画。随着岭南画派的影响日益扩大，中国文化大学也有意邀请赵少昂去教画。赵少昂想填补岭南画派在台湾地区的空白，于是推荐年轻的欧豪年前往。之后，欧豪年应邀执教中国文化大学美术系，定居台湾，为岭南画派在台湾的传播做出了重要贡献。

1948 年赵少昂联合邝山笑和陈荆鸿在香港发起“中国近代书画汇”，定期举办书画雅集、作品展览及作品代销活动。赵少昂发起的这个中国近代书画汇组织，对艺术兼容并蓄，既无南北之分，也无门派之见，吸引了大批书画家参与，在香港形成了一股良好的艺术风气。

1949 年 11 月，高奇峰逝世十六周年，已移居香港的赵少昂没有忘却老师的恩情，又再召集容漱石、何漆园、周一峰、黄君璧、叶少秉等同门好友联合举办“高奇峰逝世十六周年纪念画展”，借此表达对老师的尊敬与怀念。1951 年 6 月 22 日，从澳门传来高剑父逝世的消息。赵少昂获知后，不禁热泪盈眶。与他有亲人般感情的三个老前辈都先后辞世，从此，就只能从丹青旧作中回忆往昔学习交往的种种了。赵少昂对高剑父的景仰不仅仅因为其杰出的绘画作品，更因为他对美学教育改革的坚持与奉献。高剑父的绘画精神，始终指引着整个岭南画派前进的方向。

20 世纪 40 年代，赵少昂的绘画事业开始进入巅峰时期。年仅四十多岁的赵少昂已形成个人的绘画风格，处处体现出“我之为我，自有我在”的自信。50 年代初，他先后在香港地区和美国举办个人画展，作品的影响和号召力日渐扩大，远到海外。从 50 年代到 60 年代间，赵少昂的个人画展从东南亚地区蔓延到欧美诸国，足迹也遍及这些国家。

1951 年 9 月，赵少昂偕同学生方召麟搭乘“威尔逊”总统号客船东渡日本。10 月，日本最大的报业集团“朝日新闻社”为赵少昂、方召麟师徒二人在东京三越百货公司举办盛大的联合画展。展览期间观众多达数万，促进了中日文化交流。展会后，东京一家书店还出版了一本小型画册。

逗留日本期间，赵少昂遍游神户、大阪、西京、横滨等地，以写画作诗的形式抒发心情。箱根温泉之游，晨起望着窗外美景，赵少昂吟诵的是：“晓来珠露湿青葱，枫叶扶疏色未红。”浸泡在温泉中恋恋不舍，诗意顿起，脱口而出的是："一沐温泉暖，涛声入梦魂。明朝归路远，能不忆箱根。"

赵少昂于 1963 年创作的联屏巨幅《万年吐艳》，就是根据当年在日本为日光轮王寺内之苍松写生而重新创作的。画中题诗曰："苍鳞夭矫势凌空，蛰伏轮王法寺中；小鸟似知冬雪过，枝头细雨话春融。"款识："曩过扶桑，展画于东京三越，既又漫游各地，写生盈帙，此为日光轮王寺内之苍松，喜其有游龙之概，因为写照，归后匆匆十二载矣，偶检速写册，重制一过，并题二十八字，癸卯冬十一月赵少昂于岭南艺苑。"这幅联屏巨作，后来由其家属捐赠予广州艺术博物院赵少昂艺术馆。

东京的画展一连开了三个月，由于反响极好，三越百货公司又提出为赵少昂在大阪举办一次画展，展期从 1951 年 12 月 25 日到 30 日，一连 6 日。9 月份就离开香港的赵少昂此时已极其思念故乡，等不及大阪的展会开始，便在 12 月 17 日开始返程之旅。

途经菲律宾时，方召麟将自己的朋友吴棉霖介绍给赵少昂认识。在吴棉霖的陪同下，他们游览了马尼拉。之后，赵少昂和方召麟心急返港，无法在马尼拉多作停留。吴棉霖遂将两人留下的作品，在马尼拉举办了一个赵少昂、方召麟画展。

1952 年，赵少昂南游新加坡和马来西亚并举办画展。新加坡的媒体在画展举办前曾这样为赵少昂的画展做宣传："昨秋更东渡扶桑，漫游三岛之胜，朝日新闻社为主办画展于东京、大阪两地，参观者逾万，一时硕彦，争罗致其作品。"

因有众多华侨聚居，新加坡当地的中国文化氛围相对浓烈。赵少昂的到来，画展的举办，吸引了大批华侨参观购买，掀起了一股中国画热。在南洋这片中西文明的交会地，赵少昂的国画不但唤醒了华侨们的故园意识，还引起了西方人对东方艺术的兴趣。

当地的报纸曾这样盛赞赵少昂："名画家赵少昂，为岭南名宿高奇峰之高足，

1952 年，赵少昂在新加坡举办个人画展时与英国东南亚专员麦克唐纳（右）合影

天资卓绝，下笔有神，所作蜚声海内外，其花鸟虫鱼，尤称独步。”当时东南亚最高专员麦克唐纳也出席了赵少昂画展的剪彩礼，并订购其画作《夏夜》。后来，麦克唐纳又特意为其画集题词作序：“余谨序数语于赵少昂教授之集端为发刊词。赵氏为一富有天才之大艺术家，其作品充满生命力而有诗意，力能将大自然美妙表露无遗。所作花卉、禽鸟、走兽莫不灵活生动而富有神韵，故其作品不同凡响。赵氏之山水画能在轻描淡写中将山光云影、日色水声描于纸上，出神入化，叹观止矣。集中所刊，足窥赵氏作品之一斑，阅者当知赵氏之所以被誉为近代中国画家之最杰出人才，非偶然也，其作品将垂万世而不朽矣！是为序。”

赵少昂画作“雅俗共赏”的魅力确实无法阻挡。日本地区人士对艺术的爱好，给赵少昂留下了深刻的印象；而面对热情的新加坡人，赵少昂内心除了感激，还深为这个重视国画艺术的国家而感到欣慰，更为中国艺术在同根生的血脉中得到延续而骄傲。

离开新加坡后，赵少昂在东南亚一带继续展开巡回画展。为了传播中国艺术，赵少昂像一个传道者一样，不知疲倦地在路上奔走，努力将国画的种子撒播到世界各地。

1952 年 11 月，赵少昂到达大马，在画展的新闻发布会上，赵少昂谈起了自己的学画之道，并极力鼓励众人应担当起复兴中国文化的大任：

“中国的画学理论，最为繁复、最为奥秘，当然，非短少时间所能详尽。唐张彦远所谓，画者，承教化，助人伦，穷神变，测幽微，与六籍同功，四时并运，所以画虽小道，而大道存焉，余常服膺于陈姚最语，质汇古章，而又变今情。又张文通所云，外师造化，中得心源。初则与古人合，继则与古人离，读万卷书，行万里路，心领神会，默察自然，不囿于成法，而发挥个性，又尝读古人一印，今日摹古，古人摹谁？可知艺术，必以阐发个性，不能从事临摹，虽然吾国名家

冬临江畔 年份不详 30 cm×37.5 cm

代有其人，为后人所崇拜，但崇拜归崇拜，学归学。所以，阮子才诗话有云，诗兴于杜少陵，而衰于杜少陵，此非杜少陵之过，实太崇拜杜少陵矣。予又赞美石涛和尚之语，古有古之须眉，不能安在今之面目。古有古之肝肺，不能安在今之肺腑。专事临摹，等于食古人之残羹而已，古人法度，为我所用。”

在赵少昂看来，古人是非常崇尚创作的，他也有志于秉承先师高奇峰先生的遗教，同时“参以古今中外法度，益以足迹遍及名山大川，默察自然之妙、造化之奇，造成个人面目”。而他之所以多年奔走，除了“希冀于个人学术有所补助”，也是为了振兴中国文化：“吾国数百年来艺术之不振，益以频年战祸，吾国文化及艺术品物，摧毁殆尽，复兴之责，我辈当任其劳，诸先生更为文化先锋，务望负起领导之责，使中国文化，得以复兴。”

结束东南亚之行后，赵少昂暂时归港调息。

1953 年，赵少昂又雄心壮志地展开了欧洲巡回画展。他的计划是和学生方召麟先飞往英国举办画展，再游览法国、意大利、瑞士，然后从法国乘轮船前往美国，最后经加拿大回到香港。

9 月份，赵少昂先飞赴英国，玛尔勃罗美术馆为其于伦敦举行画展，中国画进入英国美术界，引起极大轰动。当时各大报刊，如英国当地的《泰晤士报》刊

1954年赵少昂(左二)在英国剑桥留影

登了赵少昂画展的报道及长篇评论。消息传到香港后，当地的《星岛日报》当即报道了赵少昂抵达伦敦后的盛况。受到热烈肯定的赵少昂，为中国的国画艺术在异邦获得认同而骄傲，兴奋的心情溢于言表。

伦敦的画展持续三个星期后，又移师曼彻斯特。赵少昂的画作使英伦人对中国传统艺术的态度大大改观，并恢复了对中国传统水墨画的景仰。艺术就应该是无国界的。对于赵少昂的英国画展，艺术评论家彼亚利鲁夫（Pierrerouve）在《艺术新闻与评论》上写了一篇关于赵少昂作品的评论。他在文章中指出，作为英国人，要欣赏赵少昂这些非凡的画作，就必须摒弃西方美育的传统思维，更直观地进入另一种运思方式的境界，要懂得欣赏中国画那“出乎意料的感情的简洁的手法”。如果是从西方原来的美学架构出发来看赵少昂的作品，可能会引起误解，无从领会其迷人魅力。只有抛弃自身所固有的偏见，虚心地体会，对此种艺术才会有更深的认识。

彼亚利鲁夫还特别提到，对赵少昂的作品，不能用肤浅的目光去欣赏，而必须具备一种时代演变的观念，如此方能领略其独特之处，体味其个性之优美与坚强。他的个性已经通过其强有力的笔触而跃然纸上，所画树枝之苍劲，花鸟之明媚，实在不是中国传统画家所能想象，对于此位中国艺术大师的作品，我们自然能感到时代在转变，也可以看到永生的传统与现在活着的人之间的关联。另外，画上的题字，不但调和了中国书法的乏味与单调，而且使他的作品更有诗意与情感。由此也可看出，彼亚利鲁夫找到了发现中国画之奥秘的有效路径。

伦敦画展的热潮过后，英国著名的利兹大学也慕名邀请赵少昂在校内举办一次画展。画展于校内举行，校方还专门请赵少昂为学生进行一场演讲，面对台下数千的听众，赵少昂毫不怯场，演讲完还即席挥毫，把中国画的神韵一笔一笔地呈现在观众的眼前。台下众人惊叹中国画的神奇，为其生动的气韵所折服。

巴黎凯旋门 年份不详 29 cm×42 cm

赵少昂此次的英国画展获得了巨大的成功，他开阔了英国人欣赏中国传统艺术的视野，给英国人留下了良好的艺术印象。英国的广播公司BBC电台，更以专题的形式向世界报道赵少昂在英国巡回展出的盛况。

1954年初春，赵少昂和学生方召麟抵达法国首都巴黎，在塞纳河边的一个画廊举办画展。在巴黎这个艺术之都停留的一个月里，赵少昂终日畅游，目不暇接地参观各大艺术圣地。无论是凯旋门还是凡尔赛宫，无论是埃菲尔铁塔还是巴黎圣母院，又或者是罗浮宫，所到之处，他都仔细观察，用心记录，默默吸取来自异国的艺术养分。沐浴着塞纳河边的阳光，赵少昂为欧洲浓厚的艺术气息所感染，所陶醉。后又在瑞士及意大利罗马举办画展，途经德国及印度，所到之处，备受欢迎。

1955年赵少昂已从欧美巡回展归来。纪念高奇峰诞辰67周年的联合画展在香港花园道圣约翰教堂举行。从20世纪40年代末开始，天风楼弟子的活动从广州移至香港。因战乱频仍，其间的纪念活动一度中断，直至50年代才在香港恢复。天风七子中的黄少强已在1942年广州战乱中辞世；张坤仪在高奇峰谢世后，于1939年游学美国，举行巡回画展，后来定居美国，杳无音信。

1955年7月，旅居香港的天风五子——赵少昂、周一峰、叶少秉、何漆园、容漱石照例举办了纪念恩师的联合画展。他们携手观画，相互点评。

周一峰是天风七子中最年长的一位。1949年后，他移居香港，执教于香港保良局义学，为童子师，偶尔亦授徒，传其画学。周一峰长于山水、花鸟，尤以山水为著。香港的历次六人画展他都参与。

赵少昂走到周一峰的《北江山水》前，感叹道：“老周的画设色明艳，用笔潇洒，独有风貌啊。”

何漆园也走上前说道：“这一幅画大气磅礴，又不失明媚秀雅，可谓是刚柔并济。”

周一峰听罢，笑着说：“两位过誉了，论画技，我还要追赶你们。”

“据说近日英吏金文泰以重金购老周的作品多幅。”

“另有某洋妇喜其墨竹麻雀，登门以重金乞画，一峰兄的画价可再创新高了。”

容漱石、叶少秉等走过来，用坊间流传的“据说”揶揄周一峰，引得众人哈哈大笑。

周一峰自己也笑了起来：“走，我们瞧瞧老何的画去。”

何漆园在香港长期从事美术教育工作，弟子逾万人，桃李满天下，此次的参展作品有《潇潇夜雨》《佛像》《鹤立》。

看完《佛像》，赵少昂不禁说道：“漆园老兄的画越发见禅味了。”

何漆园笑道：“我这是向老兄您的《礼佛》图效法啊。哈哈哈。”

众人笑着将视线转向下一幅画，只见一只雄鹰冲天而出，锐气逼人。这是叶少秉的《直冲霄汉》。

叶少秉于1947年赴港，直至1957年返大陆定居前，一直在香港的私立学校执教，也是育人无数。

容漱石善写山水、花鸟、虫鱼，尤以绘丹荔独擅胜场，他这次参展的作品《红荔》就为大家所津津乐道。

赵少昂参展的作品既有往日擅长的花鸟虫兽题材，如《秋声》《孔雀》《水牛》，也有从欧洲归国后所作的《罗马废墟》。

“少昂的眼界真是越来越开阔了，这幅《罗马废墟》用笔墨把西方景象引入中国画，写意之余，更增添许多新意，不能不令人眼前一亮。”

“古语云：‘读万卷书，行万里路。’这确实大有道理啊，自海外游历后，我绘画方面得益颇多，时有新念勃发。”赵少昂诚恳地回应道。

赵少昂近年游走欧美，其间观摩了大量文艺复兴时期的画作，确实见识良多。回国后，所见所听，经过揣摩吸收，更能化为己用。笔下的作品也有了更多的个人风格。

在画展上，五人亲切交流，互相切磋技艺，一如当日在高奇峰美学馆里学画时的热烈心态。在他们眼中一切仿佛都变了，而一切又仿佛都没有改变。变的是环境，不变的，是大家对于艺术的热诚。

画展依然得到很多朋友和观众的捧场，如前辈鲍少游首日即到场，挥毫七律一首以作纪念：

一苇凌波云里来，飞红狼藉晚潮催。
放翁诗思偏多感，王粲春游去不回。
笛韵吹残江月坠，橹声摇落塞鸿哀。
玉楼惆怅人归后，曾是梅花几度开。

看着鲍老遒劲有力的书法，天风五子纷纷叫好。在五人联展闭幕后，民国时期香港著名的收藏家、诗人郑春霆作了一首长诗来称赞天风五子尊师重教、开创新风的精神：

岭南画派谁宗工？高楼独峙鸣天风。
火尽薪传有六子，漆园少秉师门同。
一峰漱石相媲美，少昂正自争长雄。
昔者少强为捐馆，继合画展期克终。
岁以六月盛陈饰，共尊师道垂无穷。

今年雅会香江沚，可惜少强长已矣。
六人犹得五人存，画冢荒凉悲逝水。
就中绝诣皆擅长，漆园一峰山水长。
少秉少昂好花鸟，虫鱼兼复工毫芒。
漱石尤爱写丹荔，如闻纸上妃唇香。
我观诸子按相涖，未可轩轾谁短长。
合之五美集一室，顿令四壁生辉光。
画家例得保天年，雪竹霜松耐相守。
年年此会不参差，继响天风期不朽。
相观而养谓之靡，所愿咸同金石寿。

郑春霆是高剑父的词友，著有《岭南近代画人传略》。1959 年在高奇峰逝世 26 周年纪念画展上，郑春霆再次为天风楼弟子的品行赋诗赞颂：

天风余响尚伶然，师道长尊互不捐。
二十六年怀哲匠，及门同庆得薪传。
岭南画派擅奇才，风气能教一代开。
此日观摩师友谊，江河不尽水知回。

由此也可见，天风诸子师承有自，对老师的感恩之心永不忘，时刻铭记着薪火代代相传。尊师重教，艺术交流在赵少昂等岭南画派第二代传人中得到很好的继承和发展。

五 / 我之为我　自有我在

1956年，欧洲个人巡回展归来后，赵少昂在画事上一刻也没有懈怠，两年间分别创作了《桐花孔雀》《悠然自得》《自葆冰心不着尘》《群鸟话春寒》等。在创作的同时，赵少昂还积极参加各种社会活动，忙碌的身影经常活跃于艺术界。

20世纪50年代，香港的艺术文化活动更加活跃，形成了兼容并蓄的局面。1956年，丙申社正式成立，社员除了岭南派画家赵少昂、杨善深、何漆园、叶少秉等人，还有曾经对立的国画研究会成员李凤公、李研山、黄般若等人。两派成员已摒弃门派之争，共同举办联展，努力提高中国画在香港的艺术地位。

同年，随着由内地迁往香港的画家人数增多，越来越多旅港的国画家希望有自己的团体，以扩大中国画的影响。虽然自20世纪20年代起就有“香港美术会”，却是由西方人操纵，以西洋画为主，中国画家很少能参与活动，无法得到合适的发展空间。另外，鉴于丙申社还没有社址和章程，组织相对松散，赵少昂、鲍少游、李研山等人又适时发出了组织“香港中国美术会”的呼声。

香港中国美术会正式成立后，李研山为执行委员会主席，赵少昂任监察会主席，委员有赵少昂、李凤公、林建同、雷浪六、吕寿琨、张君实。画会以荟萃书画好友，推动香港美术发展，发扬中国艺术为宗旨，初始会员达百余人，是香港当时组织规模最庞大和影响最广泛的美术团体。香港国画界人员一改以往“散沙一盘”的状态，在中国美术会的组织下，好的国画作品纷纷得以展出，极大促进了香港艺术的发展。

1957年，赵少昂的作品为越来越多的人所喜爱，每次画展如有印制的精美画册，必会一售而空。看到这种情景，岭南艺苑的学生何迪干提议老师把精品借出来影印出版，满足国画爱好者临摹其真迹的愿望。赵少昂也觉得这主意不错。就这样，《少昂画集》第十辑正式出版了。这本《少昂画集》用8开道林纸印刷，花鸟草虫、走兽山水，彩页和单色兼有，深得国画爱好者的好评。

秋菊金蝶 年份不详 30 cm×37.5 cm

其后，《少昂画集》第十一、第十二辑陆续出版，反响也非常好。令人惊喜的是，不但赵少昂个人成果丰厚，他教导的学生同期也获得了相当可喜的成绩。

同年 11 月，第一届亚洲青年绘画展览会在日本举行，香港青年画家有 21 幅作品参加此次展览。岭南艺苑的学生陆可陶和黄磊生获得此次展会的亚洲金奖，这意味着，岭南画派第三代传人在国际舞台上开始崭露头角。

两人载誉而归，岭南艺苑的弟子兴高采烈地为二人设宴庆祝。宴会间，赵少昂很高兴，与学生们合作写了一幅《群力回春图》以作纪念和鼓励。待弟子们写完后，赵少昂补上水仙，并题曰："1957 年 11 月，日本举行亚洲青年画展于东京。弟子胡宇基、李汝匡、李曼石、何迪干、尤世同、黄磊生、陆可陶、赵世光、欧豪年、谭圣卓等，以作品应征，均告入选，而黄磊生及陆可陶两弟子，更获优异金奖。吾国出品，计共八十三人。得奖者，只此二人耳。固为吾国争光不少，亦艺林之盛事也。苑中诸弟因设宴为两弟子庆祝，酒阑，合成《群力回春图》。黄磊生先写辛夷、胡宇基牡丹、陆可陶梨花、赵世光白梅、李曼石绯桃、李汝匡山茶、欧豪年兰花、陈坤荛小菊、何迪干翠竹，各本所能，赋色鲜丽。后起有人，吾道其不孤矣。欣然为缀水仙成之并志。丁酉冬至，赵少昂于岭南艺苑。"

望着年轻有作为的学生们，赵少昂发自肺腑地感到岭南画派后继有人，自己更有幸得他们相伴相随，此生不再孤独。

20 世纪五六十年代，赵少昂的足迹已遍及英美法意瑞德日印菲诸国，其作品在世界各地广为流传。此时的赵少昂不再只停留在"二高一陈"当年"折衷中西，融汇古今"的国画改良阶段，而是不断创新，以鲜明的时代性将中国画的精粹推广到世界各地。他希望让更多的人认识中国画，能领悟中国艺术的奥妙。从他的部分作品上"足迹遍及英美法意瑞德日印菲诸国"和"东渡扶桑西访英伦诸国"两枚白底朱文印章可以看出，他的艺术传播路堪称一条"艺术丝绸之路"。

1960年，早春时节，细雨飞扬。美国旧金山M.H.德扬纪念馆（M. H. DeYoung Memorial Museum）的经理赫伯女士前来访港并专门拜访赵少昂。她对赵少昂的作品大为赞赏，力邀他前往美国举办画展。同年3月，赵少昂应M.H.德扬纪念馆的邀请，亲自携带作品前往美国展出。

M.H.德扬纪念馆位于美国加利福尼亚州旧金山市，是1894年金门公园为了在加利福尼亚举行的国际博览会而建造的纪念馆。该馆收集了世界各地的大量艺术珍宝，有着专门为美国艺术而设立的展览室。展出的艺术品包括从殖民时代到当代的各种作品。

金门公园的艺术气息浓厚，许多地方的艺术家都在此地展出并拍卖自己的作品。赵少昂抵达旧金山后，立刻受到了当地侨胞的热烈欢迎。他的到来，即将为北美这片热土带来一场远东之国的神秘展出，当地居民对此也满怀期待。赵少昂个人画展安排在3月9日至4月5日，在各种展览会的宣传单张中，M.H.德扬纪念馆将赵少昂的位置排在首位，可见赵少昂当时受重视的程度。

在M.H.德扬纪念馆举办画展后，赵少昂又移至三藩市的唐人街中华总会馆举办画展，其间还即席挥毫，示范国画绘法。画展揭幕礼前，三藩市的华侨特意为赵少昂准备了盛大的招待茶会。赵少昂身着挺括的礼服出席，风度翩翩，谦虚地为大家讲述了欣赏中国画的方法，称传播中国艺术乃其“雅命所在”。堂堂大师在众人面前的自谦和艺术使命感，赢得了华侨们热烈的掌声和认同。在中华总会馆的展出，不仅当地的华文媒体报道了盛况，连美国本土的《好莱坞》杂志都对赵少昂的艺术作品作了详细的报道。

赵少昂此次的北美之旅，受到欢迎的热烈程度不亚于前几年的英国巡回展。除了参加M.H.德扬纪念馆的展出，美国一系列世界著名的大学和美术馆，纷纷

1960 年赵少昂在美国举办个人画展时演讲

邀请赵少昂前往演讲及展出作品。丹佛大学、俄亥俄州立大学、加州大学洛杉矶分校、芝加哥大学、华盛顿省立博物馆、圣地亚哥美术馆等二十几个地方都向赵少昂发出了邀请。

旅美期间，赵少昂还登上了世界一流学府——哈佛大学的讲台，为来自世界各地的年轻学子们即席挥毫，讲解中国艺术的鉴赏之道。他所作的中国画，笔墨气韵深深地吸引了在场的观众。波士顿美术博物馆和华盛顿省立博物馆还相继收藏了赵少昂的作品。

在美国讲学，举办画展之余，赵少昂还应朋友的邀请游历了北美许多名山大川。主张“师法自然”的赵少昂每到一个风景秀丽的地方都会随时进行写生，不忘积累绘画的素材。归国后，根据写生进行创作所得《加省嘉妙中国岛》是游历加州西海岸滨海地带的见证。经由这一幅画，也多少可以看到赵少昂艺术风格的微妙转折。正如吴作人教授所说：“赵少昂先生的作品，早年赋色明丽高雅，晚年多用墨色，老笔纷披，势愈磅礴。他寓情于景，创造出独特的艺术境界，所以能让人过目不忘。”赵少昂晚年的画风渐化繁为简，趋向墨色铺设，更加独具气韵。随着年龄的增长，一改早年作品的鲜丽活泼，愈见沉稳大气之象。这也是一个画家在经历丰富的人生历练和思想觉悟后才能达到的境界。

1960 年年底，赵少昂结束美国之行，香港的《灯塔月刊》邀请赵少昂做了一期专访。从专访里面，我们可以窥见大师赵少昂北美之行的种种。

记者问：“在美（国）观摩外国画后，对今后作风有无影响？”赵少昂讲出了自己对艺术的理解：“艺术在相互沟通之下，自然有互相影响，美国各地博物院，搜罗世界名作甚多，除古典派及印象派外，新派画更多，我对艺术一向主张创新，但过于标奇立异，我则以为不足取。这是因为，艺术非一朝一夕之事，乃千秋万代之业，其天资独特之处，使后世永久景仰，倘过于诡异，不独于学术无补，而且导人于魔道。”

他补充道：“写画的真美，当然并不是与实物完全相合，所谓超于象外，乃有真趣。”

赵少昂还愉快地讲出了自己北美之行最大的收获：“这次美国之行举办画展，最令人欣慰的是提高了美国人对中国画的认识和欣赏力。展出的画得到当地人热烈参观和赞赏。”

“那此行最感不愉快的是什么？”记者继续追问道。

赵少昂则深有感触地叹道：“最感失望的，是外国人对中国艺术没有普遍的深刻认识，同时对中国高深艺术的欣赏力不够，所以不肯出高价购买。举例说，年前（有）博物院购藏我国宋代名作赵大年山水手卷，只不过美金两三万元，以视欧西近代名作，动辄每张在三四十万元，甚至在生画家亦六七万元一张，较之中国古今画值，相去实在太远了。中国画之所以未为外国重视，第一，外人欣赏程度未高；第二，我国以往对外宣传太少；第三，国家收购名画，资力太弱。所以，本人希望艺术界同仁今后力争，把最好的东西，宣示于外国，自能与世界艺术相比。我国艺术理论，始终比外国高深，将来艺术地位，必高出各国之上。”

其实关于提高外国人对中国画的认识，赵少昂早在 1953 年于伦敦开画展时就意识到，他归国后曾谈道：“1953 年，我在英国（Tate）的画廊里，看到藏有世界名画 5 万张，美、法、意、瑞、印度、日本从初世纪到 20 世纪均有，唯独中国没有，我作为中国画家，心里面很难受，现在的大英博物馆也只有顾恺之的一幅《〈女史箴〉图卷》。我就是受了以上的感触，才下决心教学生。我在外国讲学，中国画论学，如果翻译得不好，不能引人入胜，现在亲自教学生，容易将理论融贯。”正是意识到症结所在，他才一直坚持不懈地提倡美育，直到 80 岁高龄仍然致力于教学活动，期望学生能将中国艺术发扬光大。

南国之夏 年份不详 30 cm×37.5 cm

赵少昂20世纪五六十年代的东南亚以及欧美之行，所到之处举办画展及讲学，致力宣扬中国艺术而备受各方好评。身为一个中国画家能在东西方国家都获好评，实属难能可贵，也足以说明赵少昂的绘画艺术能引起中外人士的共鸣。而对于整个岭南画派来说，他的传承和开拓之功更不可没，曾有人撰文评论道："当今世界之知有'岭南画派'，实托赖于赵氏'啼鸟鸣虫'之力不少。"

1961年，岭南艺苑的学生欧豪年创立"今画会"。今画会是赵少昂极力促成的学生组织，他谈到成立今画会的缘起时说："近十年来漫游世界各国，默察世界艺术已入最新境域，抱残守缺已非其时，归港后属岭南艺苑诸弟组成今画会，旨在写生创作，阐发个性，每年例展作品一次，互相砥砺，与时并进。"

其实早在十余年前，赵少昂就曾与高剑父、陈树人、杨善深等六人组成过"今社"，主张"各负创造艺术新生命为宗旨，及提倡新国画运动，极力表现时代性，应前人所谓，'今人摹古，古人摹谁'为法则"。时至今日，他仍然希望自己的学生在艺术上以"今"为发展方向，在遵循国画传统的理论方法的基础上，发展属于自己的新风格，形成"今"的新理念，做到古今通用，创作出时代的新品来。这是他对学生的一种期许，更是对艺术传承的一片苦心。赵世铭撰写的《今画会的渊源与展望》一文中曾说："今画会是赵少昂耕耘有道、奖掖后进的结晶。"

今画会的成员都是赵少昂的学生。今画会申请注册成立后，赵少昂任名誉会长，赵世光担任监委会主席，何迪干是执委会主席。画会成员如胡宇基、欧豪年、胡昌硕等都是当时香港画坛上崛起的岭南派年轻得力干将。关于今画会的宗旨，赵少昂作了明确的说明："欧美归来后，感于中国近代艺术之不振，因属岭南艺苑诸学生，组立'今画会'，以研究及推进近代艺术为宗旨。"

1962 年，今画会第一届作品联展在香港展出。在今画会的第一次联展上，团体成员们高举岭南画派的鲜明旗帜，以其蓬勃的朝气吸引了社会大批人士前往参观，并获得了良好的评价。一连三天的作品展出，带给观众的感受是全新的，作品无论用色、运笔、用墨都有着深厚的功底，其艺术造诣的精湛无不彰显出新时代的独特性。联展过后，岭南艺苑的学生李汝匡、胡宇基、黄磊生、赵世光、欧豪年五人的作品被集印出版了画集《今画》第一辑。及后，今画会一直坚持每年或隔年举行作品联展和出版画集。20 世纪六七十年代，今画会的成员不断壮大，会员之间经常结伴写生，雅集切磋，结集联展，成为当时公认的香港富有朝气的青年艺术团体。

北美之行后，赵少昂获益良多。除了继续肩负教学育人的责任，推广吾国艺术，还勤奋写作，完成了许多精妙的画作。此时的赵少昂作品已自成一家，达于化境。

20 世纪六七十年代是香港艺术的成长期，各种为艺术而兴建的建筑如雨后春笋拔地而起。1962 年 3 月 2 日，位于香港岛中环区的香港大会堂落成开幕。作为香港第一座公共文娱中心，香港大会堂曾是官方仪式和庆典举行的重要场地，殖民地时代的多位港督都在大会堂举行宣誓就职，而接待访港的英国皇室成员的欢迎活动，都是在香港大会堂及对开的爱丁堡广场进行。还有不少蜚声国际的艺术团体和艺人皆曾获邀在大会堂献技，大会堂成为香港市民接触世界各地不同艺术

左起：赵少昂、李健儿、郑春霆、何漆园

的主要途径。

肩负着香港文化艺术推广使命的大会堂，在开幕之始就慕名为赵少昂举办了盛大的个人画展。这也是香港大会堂第一次为个人举办画展，足以证明赵少昂艺术成就已获得香港政府的特别重视。1962 年 3 月 19 日至 24 日一共六日的大会堂个人画展，赵少昂答应采用国际博物院通用的办法，作个人近期作品的第一次展示，全部作品均为非卖品，仅供社会人士参观，因而香港市民们都可以亲临大会堂体验一场顶级的国画艺术视觉盛宴。何漆园对此举甚是赞赏：“今兹展出，只供欣赏，不以价售，盖所谓导正觉而杜苟得，其动机之纯洁，亦可以励艺坛而风薄俗矣。”

大会堂的个人画展，不仅是赵少昂继续推广国画艺术的一次机会，也是岁近六旬的他接受业界好友对其作品的一场大检阅。画展开幕前，天风诸子中的容漱石就迫不及待地帮忙做宣传了：“赵师兄在大会堂由本月 19 日至 24 日，一连六天，展览近作供众欣赏，予除敬佩外，特为介绍爱好艺术之人士。”赵少昂的好友杨善深也欣然为画展作序：“少昂兄返港后，写作其勤，完成精致作品至多。将于本月 19 日至 24 日，一连六天，在新大会堂开幕后，第一个画展在该堂展出，盛会难得，余乃能已于言。”

这次画展更是勾起了何漆园在美学馆和赵少昂同窗共读的美好回忆。何漆园遥想当年两人“课余灯下，辄相与谈艺切磋，志同道合，竟夕不倦”。一眨眼，数十年过去了，今日不禁感叹：昔日雄心万丈的少年，“不为便辞所惑，不为强辞所屈，意志坚定，自开户牖”，不但创立了岭南艺苑，桃李满天下，画艺更是“独创风格，迥异凡流”；其作品“画面优美，技巧精熟，思致巧妙”；为人品格高尚，不慕名利，乃“意识之高远”。

老友韩穗轩看到赵少昂的新作也感叹道：“十年人事几番新，少昂之画也如

萧疏花影着烟笼 1968 年 117 cm×86 cm

是焉。”风雨人生几十年，时代在变迁，社会在变化，人生的历练使一个人成长，赵少昂的绘画风格也由早期的工致洒脱蜕变为如今的利落奔放。这也正是赵少昂作画一直秉承的理念：绘画要表现出时代精神。每个时代都有其特征和经验，画家创新离不开时代性。

20 世纪 60 年代，赵少昂除了立足本土积极参与画事宣传，还把目光投向海外。1961 年的北美之行，悄然为他的国画艺术立下了一个新的艺术传播坐标。那时的他一踏上北美这片土地，就决心将中国画文化的种子播种在异邦的大地上。离美返港后，他那浸润透播种者心血的艺术种子，在异邦竟纷纷冒出鲜亮的绿芽儿，一时如同春花开满枝头。整个 20 世纪 60 年代，美国的各大博物馆、美术馆、大学等地都有赵少昂的作品展出。

1961 年，赵少昂的作品先后参加美国芝加哥大学、马里兰州希加士顿华盛顿博物馆、华盛顿维亚荷夫美术馆、夏威夷中国领事馆图画馆、爱奥华州立大学的画展。

1962 年，美国斯坦福大学、北加路连那州坤士保路市委特士宾美术馆的画展中，赵少昂的作品位列当中。

1963 年，美国北加路连那州云斯顿西林区百年卫里堂、加拿大维多利亚西贝士柏士堡纽约州立大学美术馆、美国那不士加州林肯市所敦纪念美术馆也先后有他的作品展出。

1964 年，作品参与美国爱奥华州彼拉市中央学院的画展。

1965 年，美国威斯康星州米戈其市史卓主教学院、马里兰州乐维尔市孟甘穆利省立博物馆的展览中有赵少昂的作品展出。

1969 年，在美国纽约州牙买加市圣约翰大学、明尼苏达州圣朋乃德大学举办个人画展。

佛手秋虫 年份不详 30 cm×37.5 cm

1970 年，在美国华盛顿区佐治·华盛顿大学举办个人画展。

1971 年，作品参加美国弗吉尼亚大学佐治美臣学院、加拿大英属哥伦比亚省维多利亚美术馆的画展。

赵少昂的作品连年在美国等国家参与展出。中国艺术仿如一树海棠，迎风而开，新派的写意山水、花鸟鱼虫进入了向来注重写实的外国人视野，也一扫宋元以来中国绘画陈腐摹古的夫子习气，成功地纠正了西方人对中国艺术的过时印象。

其实在20世纪60年代前后，我国许多著名的国画大师，比如张大千、黄君璧、杨善深等人，也相继访美，掀起了中美文化艺术交流的新浪潮。西方世界对中国艺术的偏见也在这些国画大师的共同努力下有所改变。

中国艺术之花，开吧，开吧，开满那异邦的枝头。

众人皆知岭南画派工于花鸟，而赵少昂乃当中佼佼者。他所作的花鸟画，题材广泛，风格鲜明，神采灵动。徐悲鸿早年在致胡适的信中就曾称赞过赵少昂为“中国现代第一人，当世罕出其右者”。可见其花鸟画的功力深厚。

英国伦敦泰特现代美术馆就特别钟情赵少昂的花鸟作品。自1965年赵少昂的花鸟作品代表香港参加了伦敦泰特现代美术馆举办的世界绘鸟名家画展后，他的作品就俘获了许多观众的心。泰特现代美术馆的馆长为此对赵少昂念念不忘。1967年，泰特现代美术馆再次举办一场世界绘走兽名家画展，广邀世界17个国家和地区的画家参加，赵少昂成为香港唯一获邀参选的画家。1972年，他的作品又在泰特现代美术馆的画展中参与展出。

另外，赵少昂的作品1965年在西德的依桑市科赛博物馆和纽堡加翰士美术馆展出，引起了爱好中国艺术的德国人士关注。西德博物院的院长史小溪对赵少昂甚是推崇，他的著作《中国美术》一书就有大段章节评论赵少昂的作品，欣赏之情溢于言表，并称赵少昂为当时中国最伟大的画家。

然而，作为享誉世界的艺术家，赵少昂并没有因此而沾沾自喜，面对来自四面八方的赞誉之言，他以“蝉”作比托。他给一幅《蝉与我心清》的作品配上了这样的题词：“竹同君子节，蝉与我心清；居高声自远，露重见坚贞。”这足以表达他宁静淡泊的心态。在自谦的同时，赵少昂独特的艺术体系也无不彰显出他的自信。“我之为我，自有我在。”石涛和尚的这句箴言更被赵少昂刻成印章，每逢有得意之作，乃钤印此章。

榴开百子 年份不详 30 cm×37.5 cm

自 1948 年移居香港后，赵少昂迅速成为香港中国画创作活动的中坚分子，被誉为国内外知名的国画艺术大家。香港特殊的政治与社会环境，为赵少昂等一批移居香港前就在内地完成艺术修养积淀与训练的画人提供了全新的发展空间。在香港，他们坚守中国画的领地并竭力将其发扬光大。

定居香港后，赵少昂频繁地活跃于香港美术界。1951 年，他的作品参加了香港“近代岭南名画展览”。1955 年，他的作品为“第一届香港艺术节展览”增色不少。20 世纪 50 年代中后期，为了团结香港美术人，开拓艺术发展空间，他还联合圈中人酝酿成立了香港中国美术会。

20 世纪五六十年代欧洲的个人巡回画展，既弘扬了中华艺术，又使得赵少昂载誉而归，成为香港美术界首屈一指的艺术名家。到了 70 年代后期至整个 80 年代，岁至七旬的他，更攀上了个人艺术人生的最高峰，也获得了香港的高度认可。1979 年，香港市政局为表彰、推崇赵少昂的艺术，特意在香港艺术馆举办“赵少昂的艺术”展览，盛大的展览持续了数月，举办方同时刊出了他的作品专集，将其艺术广泛普及于香港市民。

1980 年的春天，万物润泽，风吹紫荆，繁花似锦。岭南艺苑居所内，76 岁的赵少昂红光满面，颇有顽童之姿。他手执毛笔，正在凝神作画。消息早已传来，

饮露自怜留夕伴 1970 年 29.8 cm×37 cm

今春，香港总督麦理浩爵士将要为 79 位香港杰出人士颁授英国女皇伊丽莎白二世颁发的勋衔和勋章，赵少昂荣获 M.B.E. 勋衔。

颁授日期定在 4 月 28 日，颁授仪式在充满维多利亚式风味的港督府内进行。赵少昂欣然前往。此殊荣既是香港政府对赵少昂艺术成就的高度肯定，更是对他为促进香港艺术所做的杰出贡献致以崇高的敬意。

同年年底，台湾最高艺术殿堂，台北“国立历史博物馆”为赵少昂举办个人画展，并出版《赵少昂画集》，惠泽台湾地区爱好国画艺术人士。

1981 年，赵少昂还与德国一对爱好中国艺术的夫妇结缘成为朋友，从而开展了一段中国艺术在德国传播的奇缘。

为了解中国文化，充实计划已久的台湾之旅，卡洛斯夫妇订阅了北京出版的英文杂志《中国文学》。在其中一本中，有一幅主画面以浅墨设色的中国画。画面非常简约，只见一只小小的青蛙从淡绿的湖水中慢慢浮上来，水波微微荡漾。它那带着稚气的眼神闪着光芒，让人想起小孩的童真。

卡洛斯夫妇翻到这幅画时，被画面里昂扬的生命力和无穷的艺术表现力给吸引住了。作为一位雕塑家，卡洛斯先生由衷地喜欢这只灵动的小生物。

“真是太神奇了！”他惊叹道。

春水池塘处处蛙 1968 年 30 cm×38 cm

“是的。”卡洛斯太太也由衷地表示认同。

“我们的艺术多是静态的，但你看这一幅画，里面充满了动感，生机四溢。”

卡洛斯太太见丈夫如此钟情于此画，内心就琢磨着购买此画作为送给丈夫 80 岁生日的礼物。

卡洛斯太太是个心思细密，又特别有耐心的人。她为了打听购画的途径，几经波折，花了近半年的时间才获得赵少昂的联系方式。之后，她写了一封言辞恳切的信给赵少昂。看着这封远渡重洋，最终到达自己手中的信，赵少昂既喜悦，又感动。没想到他 1968 年作的《春水池塘处处蛙》到今天仍然能感动远方文化迥异的异国人。既然这幅画有如此魔力，他更希望这幅画继续担负传承中国艺术的任务，为大众鉴赏，而非成为个人私藏。然而，心地善良的他，又怎能拒绝这对对艺术如此虔诚的夫妇呢？唯有婉言复信告知，《春水池塘处处蛙》乃非卖品，愿意另画一幅青蛙图送给他们。

卡洛斯夫妇也明白个中的深意，得知大师愿意另赠一幅，依然十分高兴。

后来，赵少昂还画了不少跟青蛙有关的画作，其中一幅是这样的：淡青的嫩荷掩藏在以乱笔斜扫而过的枯枝残叶后。一只碧红色的小蛙爬出水面，强健有力的前爪和后腿紧贴荷叶，仿佛准备着来个纵身一跃，随时跳到别处去。整个画面

花香深处蜂儿抱 1967 年 30.5 cm×39.5 cm

蕴含着一种传统中国画特有的虚实相生的意境，仿佛令人置身早春的池塘边，耳边蛙声一片，热闹非凡。

一来二往，三位老人开始了书信交往，从此结下了一份珍贵的友谊。

赵少昂在给卡洛斯夫妇的信件中，字里行间无不透露自己宣扬中国艺术的决心与使命感。卡洛斯夫妇也能感受到赵少昂那火般灼热的心，由衷地敬佩这位老人的决心。他们答应赵少昂在德国寻找宣扬其艺术的途径。

于是卡洛斯夫妇展开了漫长的探索之路。他们努力搜集一切关于赵少昂的资料，费力打听本土亚洲展览会的消息，再向各个博物馆介绍赵少昂的作品与成就。他们通过各种途径寻找赞助机构，希望在有生之年能促成一场中德艺术交流。

这无疑是一场持久战，没有恒定的决心和毅力是根本无法完成的。经过卡洛斯夫妇多年的努力，1989 年，赵少昂的艺术在德国传播也有了眉目。一日，卡洛斯太太来信告知赵少昂，德国有五个城市的博物馆已同意为其举办个人展。这是一个令赵少昂激动无比的好消息，对卡洛斯夫妇的这份情谊实在无法用语言来表达其感激之情。他一度希望自己能亲赴德国，后来考虑到自己已经是 85 岁的高龄才作罢。然而，个人最好的作品能在德国作巡回展，中国的书画艺术能在一个西方国家得到宣扬，依然非常值得高兴。况且有相识多年的卡洛斯夫妇助阵，他也非常放心。对于这一场即将到来的巡回展览，他是充满期待的。在回信给卡洛斯夫妇的时候，赵少昂附赠一幅向日葵小鸟图以表达自己无言的心声。金黄色的向日葵下，一只小鸟展翅掠过，温暖的画面，美好的祝愿，超越了语言与国界的限制。

德国城市巡回展的五个主办博物馆分别是：法兰克福的 Kunstandwerk 博物馆、巴文的 Übersee 博物馆、岂特咸的 Romer 博物馆、史纳的 Stadt Ettlingen 博物馆及卡洛斯夫妇的故乡哥廷根的 Kunstlerhaus 博物馆。

这次展览非常成功，不但吸引了本地的艺术爱好人士，更有不少从芬兰等邻近国家的艺术爱好者慕名前来。展览结束后，卡洛斯夫妇的激动心情仍久久不能平复。这场期待已久的中德文化交流会终于如愿以偿，无比自豪的欣慰感油然而生。

1993 年，卡洛斯太太前往香港拜访赵少昂。两位老人相见甚欢，彼此就艺术尽情地交流。艺术使得他们可以克服语言、国家、性别等差异或障碍，形成思、诗、艺的碰撞或融合。它能抚慰心灵的创伤，滋养性情，感动自己，亦感动别人。从赵少昂身上，她更看到了无限的艺术生命力，深受启发和感动。

1995 年，卡洛斯太太再次到香港时，赵少昂已卧病在床，医生甚至建议他停止日常会客。然而，对于远道而来的老朋友，赵少昂强打精神，坚持要再见一见。当她步入房间，赵少昂靠着枕头半躺在床上，脸上带着微笑。接着，他缓慢地展开双臂拥抱了她，并在她额头上留下了绅士般的轻吻。时间仿佛静止了，明媚的阳光从窗外探头探脑，忽地照了进来。这是一个令人心生暖意的瞬间。

离开香港后，她依然念念不忘这段由一只纸上小蛙所带来的友谊。即使在今天，在我们这样的局外人看来，也依然是一段佳话。一个以艺术彰显生命活力的画家，一对以艺术为爱好的夫妇，他们对艺术的热诚与执着，无不令人感动。

六/ 一切皆幻　艺术有真

改革开放初期，内地与香港的文化艺术交流日益频繁。两地的文化艺术本是同根而生，同流分支后再次汇流，必定能形成新的文化艺术观念。

1982 年，在象征人月两团圆的美好季节里，中国美术家协会在北京中国美术馆隆重举办大型的“赵少昂画展”。这是自移居香港后，赵少昂先生的作品首次如此隆重地在内地展出。

画展前夕，中国美术家协会主席吴作人撰文《岭南巨匠——写在“赵少昂画展”之前》刊登于《人民日报》。吴作人早年跟随徐悲鸿学画，抗战时期，又随国立中央大学到重庆，在文艺系教授绘画。对于赵少昂当年在重庆举办的个人画展，一直印象深刻。他在文中称赞赵少昂“于介绍祖国绘画艺术，增进中外文化交流，贡献尤著。而赵老平居恬淡，不为荣利所动，更使人钦敬”。他还对赵少昂的绘画艺术给予高度评价：“赵老为高奇峰嫡传高足，师意师迹，深得‘岭南画派’真髓，俯察山川品类之繁，内极思情，外周物理，自立风格。他创以硬毫刚毅之笔，溢不阿之情，而又于刚直强倔之中，蕴藉温婉，韵而不靡，工而不诡，雄秀兼至，格调双谐。于山水、人物、走兽、翎毛、花木、虫鱼，无所不能，尤以花鸟虫鱼，择精取萃，传写入微，最为人所珍爱……赵少昂先生的作品，早年赋色明丽高雅；晚年多用墨色，老笔纷披，势愈磅礴。他寓情于景，创造独特的艺术境界，所以能令人过目而历久不忘。”

画展的预展期在 10 月 19 日，正式展出的日子在 10 月 20 日至 11 月 2 日。赵少昂夫人郭佩馨女士、长子赵之泰先生及学生佘妙枝女士专程来京参加开幕式。著名画家吴作人、蒋兆和、华君武、李可染、李苦禅、邵宇、黄胄，著名诗人艾青，还有徐悲鸿的夫人廖静文等也出席了开幕式。

令人惋惜的是，78 岁的赵少昂却因为身体状况不好，未能亲临展会，这真是其晚年人生的一大遗憾！回想起昔日 29 岁的自己，意气风发，和一班文人画友

蝶恋金花 年份不详 30 cm×37.5 cm

北上游历的那一段美好经历，今日细想其实自己这些年来的心思从未离开过内地，内心的那一片故土是永远都无法割舍的，唯有常常以艺术创作来抚慰思念故土的心灵。

他怀着一颗感恩的心，让自己的妻子儿女在画展上代为感谢所有热爱其艺术作品的新老朋友，感谢他们为他所做的一切。希望自己的艺术能感动其他人，为中国艺术带来一番新启发和新机遇。

北京中国美术馆的画展结束后，部分作品被集结成册，出版了《赵少昂画辑》。借此，岭南画派巨匠赵少昂的艺术作品，在内地得到进一步的传播。

1983 年，香港大学冯平山博物馆迎来了赵少昂、黎雄才、关山月、杨善深四人合作画展。继“岭南三杰”高剑父、高奇峰、陈树人之后，岭南画派的第二代传人赵少昂、黎雄才、关山月、杨善深被称为“当代岭南画派四大家”或“岭南四家”。

“岭南四家”荟萃一堂，再次掀起岭南画派的艺术高潮。长期身处内地的黎雄才和关山月出自高剑父旗下的春睡画院，十年动荡期间，虽受政治影响，却从未放弃追求艺术的自由，对国画的继承和创作一直没有停止。迁居香港的赵少昂和杨善深，创作相对自由，对现代国画的创新也从未停顿。岭南画派的艺术殊途

毛虫瓜花 年份不详 30 cm×37.5 cm

终究同归，师兄弟各自精彩的背后，有着同样的血脉传承。

高奇峰门下弟子众多，赵少昂造诣尤为高。他擅画花鸟、走兽，兼工山水。正如翁泽文所指出的，赵少昂的画风在继承高奇峰的基础上加以变革，形成了具有个人风格的艺术体系。高奇峰早年随高剑父赴日学习近代日本绘画，受到近代日本画影响，画风遂糅合两国。赵少昂早期的作品里带有高奇峰的痕迹，技法上兼工带写，擅长没骨画法，趁湿涂粉写作，发扬“居派”的“撞水撞粉”法，画风偏向淡雅精致，可见其师承有自。

移居香港后，赵少昂的足迹遍及欧美等地，视野日益开阔，也吸收了不少西方绘画的技法，风格又有一变。在用笔赋彩方面，他的技法更加精湛，青年时期就自学水彩画的他善于利用个人优势，把水彩画技法融入国画当中，使得画作的色彩越见清新艳丽，灵动的花鸟作品，总有一种在明媚春色里的暖意与生机。

比赵少昂小五岁的黎雄才，早年入高剑父的春睡画院学画，擅长山水画，花鸟兼修并重。风格亦融汇古今，自成一格，善用渴笔焦墨写生，风格老辣、雄劲。黎雄才尤喜爱画松，以浓墨深浅层染，素有“黎松才”之美称。

关山月则擅长画山水和梅花。其作品注重体现积极向上的时代精神，在艺术思想及艺术实践上与高剑父颇为接近。正如翁泽文在《岭南四家艺术略论》里面

从左至右：关山月、赵少昂、黎雄才、杨善深

所指出的：关山月"强调艺术为大众服务，注重写生；他撷山川之壮美，融自我之激情，在师法造化、反映现实生活等方面创造出了自己固有的艺术风格。他通过雄健恣肆的笔墨和酣畅淋漓的色彩，在作品中形成波澜壮阔、气势磅礴的艺术效果"。

岭南四家中，杨善深年龄最小。他早年有幸结交高剑父，得其指点而作画。杨善深的花鸟走兽图构图新颖，赋色明丽。其山水画在用墨上注重淡浓并用，虚实相生，技法效果颇得西洋画中的素描之妙。

这次由香港大学冯平山博物馆举办的画展，主要展出四位画家共同合作绘制的画作，代表作品有《鸣蝉》《秋山行绿》《秋江放筏》《岭南蔬果》，共 100 多幅。最能见证四人友谊的那幅《四友图》，由赵少昂写梅，黎雄才点石，关山月画苍松，前往参观的人们心领神会，感叹四人的长久友谊和永恒的艺术成就。

1983 年至 1984 年间，"岭南四家"的艺术魅力持续扩散，此后合作画展又先后在新加坡国家博物馆和美国的三藩市展出。到 1987 年，合作画展终于回到岭南画派诞生地——广州。广东画院在春节前后展出了"赵少昂、黎雄才、关山月、杨善深四人合作画展"。四人又将 30 幅新作加入画展中，让众多广州市民不禁为之欢呼喝彩。画展还一举获得了"广东省鲁迅文艺奖"特别奖，并由岭南美术出

四君子（赵少昂，杨善深，黎雄才，关山月1986年合作）

悠然自得 1970 年 29.8 cm×37 cm

版社出版《赵少昂、黎雄才、关山月、杨善深合作画选》。

1984 年，中国友谊出版公司推出《赵少昂小品选集》，赵少昂一生中最为钟爱的小品得以首次在中国内地付印出版。

小品，语出佛经，佛家称详本为“大品”，略本为“小品”。中国画中的小品，是相对于大幅的、创作主题宏阔的作品而言。小品画幅小，着墨不多，又因其题材广泛、贴近日常生活而独具韵味。很多画家也喜欢通过小品来寄寓个人的情怀，抒发一时的感触。正如画家邵昌所说的，优秀的小品画，犹如一首小诗、一首短曲、一首顺口成调的民谣那样亲切自然，它轻松、优美、淳朴，让人在不经意之间进入鸟语花香、情牵意动的精神境界，给人以美的精神享受。

赵少昂的花鸟佳作多为小品。他画小鸟，只需寥寥数笔，一只只跳跃欲飞的小鸟便跃然纸上。比如《俪影》中，两只形影相随的小鸟正探着小脑袋，向地上作觅食状，地上只有一小块如叶子般的淡绿色抹彩。整幅图画的左侧有大片留白，蕴含着无限的意趣，让人可以长久回味。《共乐》以没骨法蘸浓淡墨彩快速写成，两只张口唱着歌儿的燕子在你眼前追逐，一闪而过，极为灵动。《悠然自得》以淡墨轻绘出两枝枝干，随意附上浅绿几点，又以浓墨点成鱼的头部和中部，尾部缀以浅褐，再以黑墨快速勾勒出透明的鱼鳍，画面简洁，意境悠远。又题款：“人

月夜喜蛛 年份不详 30 cm×37.5 cm

生多苦辛，劳形亦劳役，何如水中鱼，悠然各自适。”这是赵少昂个人心境的真实写照。

赵少昂个人认为最能代表其艺术精华的，便是明心见性的小品。他曾自豪地说：“我最满意、最成功的就是小品，这是别人无法取代的。”尤其是他的花鸟画小品，构图巧妙，笔墨精简，常能做到蘸笔用墨一气呵成，急缓轻重的节奏把握得十分到位。

赵少昂晚年的小品日趋精简，笔法老练，由此也可看出，他对艺术的追求已化繁为简，返璞归真，抵达自由自在的澄明之境。小品册页既然能成为赵少昂的心头爱，必须经过严格的构思和作图，质量才能有保证。

赵少昂的学生、女婿周志毅曾回忆起一件往事：在 20 世纪 70 年代末 80 年代初，内地仍然很难看到赵少昂的画。其时岭南美术出版社拟发行出版赵少昂的作品。在原广州岭南艺苑，一楼有一条八联屏风，上面有赵少昂绘的牡丹等花，色彩鲜丽，富丽堂皇。岭南美术出版社拟选其中的四条屏来印刷出版，于是希望通过身在广州的周志毅先生来联系出版事宜。

周志毅与赵少昂取得联系，详细转达了出版社的想法。赵少昂听后表示不同意：“过去的东西不能代表我赵少昂，要印就印我新的东西。”

后来，周志毅解释道：“爸爸，这主要是宣传您的艺术，选用以往的屏风画出版，主要是考虑到广大群众喜欢颜色艳丽的。我们尊重您的意见，但又希望采取合理的形式来满足岭南美术出版社的要求。要不这样吧，就作为我收藏您的作品提供出版印刷，注明是周志毅收藏的，那就不是您自愿的了。”

赵少昂听后才勉强同意：“那就作为你收藏的了。”

这就是赵少昂严肃认真的艺术态度，他对于自己的作品力求完美，不愿任何瑕疵之作影响了美术爱好者。

人间第一香 1968 年 83.5 cm×44.5 cm

又是春天，广州这个四季常绿、花香四溢的城市迎来了岭南画派大师赵少昂的回归。1986 年早春，中国美术家协会广东分会和广东画院联合邀请赵少昂在广东画院的展厅举办一场画展。这是自 1948 年赵少昂迁居香港后，第一次在家乡广州举办个人画展。展出的作品包含花鸟、虫鱼、走兽、山水等共 80 幅，作品的创作时间跨度大，非常值得众人期待。

时任中国美术家协会广东分会主席的关山月，对赵少昂的归来热切期盼。画展前夕，他亲自撰写了《试论赵少昂先生的绘画艺术》一文，发表于《羊城晚报》。他首先追忆了作为岭南画派第二代传人的自己与赵少昂的过往，认为两人虽非师出同门，却同源。他们始终致力于赓续“二高一陈”主张的“新国画”精神，坚持“笔墨当随时代”，而赵少昂在“新国画运动”中的贡献，既不可忽视，又不可磨灭。

关山月结合自己在绘画艺术上的见解，对赵少昂的绘画特点和艺术成就做了如下分析：“我特别喜欢赵老那些花鸟画小品，他的行笔、用墨、着色往往都先在蘸笔时下功夫，即在蘸墨分量、墨色浓淡和蘸水多少上做文章。落笔又讲究点、划、没骨的行笔徐疾、轻重、刚柔的分寸。故其所画的鲜艳欲滴的花瓣、轻盈透明的蝉翼虫翅、坚硬有力的雀鸟嘴爪，以至灵动精细的草虫的腿脚和触须，无不体现出‘以形写神’的高度概括，以及‘一笔之功’的准、稳、狠的表现力，妙笔入神达到气韵生动的艺术境界。”

赵少昂的这次画展受到广州市政府的高度重视，展出当日，先后担任广东省省长、省委书记、中共中央顾问委员会委员等重要职务的刘田夫，还有广东省政协主席吴南生、中国美术家协会副主席刘开渠等，都纷纷出席。自然也少不得文人墨友，知名画家关山月、赖少其、郭绍纲、黎雄才、刘仑等人也来了。加上数量庞大的普通参观者，广东画院一时门庭若市，人潮涌动。

赵少昂的作品在广州展出，如早春的一朵红棉立枝头，鲜亮夺目，惹得同枝

翠竹 年份不详 30 cm×37.5 cm

的花苞儿也纷纷盛放；也如一块石子落入平静的湖心，激起阵阵涟漪。借此势头，广州美术学院适时举办了一场“岭南画派学术研讨会”，对日后岭南画派的继承和发展方向做了很好的指引。多少有些遗憾的是，生病卧床的赵少昂未能出席此次研讨会，而是由夫人郭佩馨、长女赵汉屏与女婿周志毅作为代表出席。

举办了此次研讨会后，广州美术学院还在校内成立了岭南画派研究室，积极倡导岭南画派的学术研究。岭南画派研究室的成立，得到海内外众多岭南画派画家的支持。1988 年 3 月 7 日，广州美术学院岭南画派研究室和香港大学联合主办了“岭南国画展”，展出地址设在香港大学内的冯平山博物馆。新华社香港分社的秘书长杨奇主持了开幕仪式，广州美术学院教授关山月致开幕辞。

这次国画展，齐集岭南画派老、中、青三代画家的作品。老一辈的有赵少昂、关山月、杨善深等，后生一辈，则有来自广州美术学院的杨之光、梁世雄等。展会中，广州和香港两地的画家们亲切交流，互相讨论画艺，大大促进了彼此间的友谊，也体现了老一辈画家相互扶持、提携后学的传统。赵少昂、关山月、杨善深等老一辈岭南画派的代表，更希望岭南画派能继续繁荣。轰轰烈烈的“新国画运动”从“二高一陈”以来就没停息过，他们主张新一代的画家“笔墨当随时代”，把岭南画派的精粹发扬光大。

秋菊 年份不详 30 cm×37.5 cm

时间可以承载意义、产生意义，也总有其无情的一面。日渐步入晚年的大师赵少昂身体比以往更虚弱了，常常为高血压和心血管等疾病困扰。然而，一遇精神稍好，他就必然要挥毫作画，任谁也无法阻拦。

1990年香港沙田大会堂要为赵少昂举办画展。香港沙田大会堂是香港优秀的艺术表演中心之一，也是新界东部的文化心脏。这也是香港市政府属下的艺术中心第二次为赵少昂举办个人画展。第一次是1979年在香港艺术馆举办“赵少昂的艺术”，时隔11年后，香港市政府为再次推崇赵少昂的艺术而于1990年12月1日在沙田大会堂为其举办个人画展。

为了迎接此次画展，赵少昂精心挑选了近60幅作品参展。为了使画展的内容更加丰富，他甚至抱恙坚持坐到桌边，挥笔作了诗轴两套、对联十副投放到画展中一起展出。

1991年，87岁高龄的赵少昂获香港艺术家联盟授予“艺术成就奖”。这是由香港市政局和香港艺术家联盟联合主办的第四届艺术家年奖颁奖活动，于3月8日晚在位于尖沙咀的香港文化中心大剧院盛大举行。鉴于赵少昂多年来对香港文化艺术有着重大的贡献，主办方将本年度最高奖项“艺术成就奖”颁授给了赵少昂。授奖仪式进行时，全场掌声如雷，大家纷纷为赵少昂大师的成就和魅力喝彩。

香花迎螂 年份不详 30 cm×37.5 cm

香港特别行政区政府为此专门举办了一个晚会，本港台和亚洲电视台都播出了当时的盛况。

赵少昂的荣誉接踵而来。同年，广州也传来喜讯：位于广州和平路湛露直巷的岭南艺苑旧址已修复。这对于赵少昂来说实在是个振奋人心的好消息。早在多年前，他就希望艺苑的发源地——广州岭南艺苑旧址能够恢复。20 世纪 80 年代后期，政府相关部门将其收回归还。

岭南艺苑能够恢复使用，一方面有赖于广东省和广州市政府的努力和协助，另一方面赵少昂的众多弟子也功不可没。欧豪年、赵世光、胡昌硕、黄磊生、陈海韶、翁真如等学生为了尽快达成老师的心愿，曾共同发起倡议书并联合筹集资金：

“赵师少昂教授，为岭南画派宗师，衍‘二高’令绪，扬‘六法’新风，1930 年获比利时万国博览会金牌奖后，创岭南艺苑于广州，化雨春风，滋育桃李，今已秀满天下。凡世界大小都会，无不有岭南后秀，辉灿其间。抗战军兴，赵师流寓四方，广州岭南艺苑因而荒废，近承当局发还，同学等念师德培育之深，感艺术文献价值之重，乃倡议复其旧观，土木所需，虽然不菲，幸甫一呼召，相应接踵，不难毕集。然念赵师艺术与历史共存，天人同有，而赵师更非独我辈少数

紫迎翠 年份不详 30 cm×37.5 cm

人之师，美事不可独擅，于是相议分告同门，暨崇拜赵师艺术者，共与其事，功成之日，不独生色艺坛，更足资人景仰，此吾同门君子所不可弃其责也。”

学生们众志成城，感怀师德，尊师重道。赵少昂多年来在岭南艺苑里的言传身教早已无形中影响了学生。

1992 年 4 月 17 日至 26 日，广州美术学院内的岭南画派纪念馆主办了“赵少昂小品精选画展”，展出赵少昂近年的小品精作 40 幅，黎雄才为展览题词，盛赞其小品“神妙直到秋毫巅”。同年 6 月份，岭南美术出版社将画展的作品付印成册，12 开精装本《赵少昂小品精选》在广州发行，广大画迷争先订购收藏。

1992 年农历端午节那日，“最难风雨故人来”，赵少昂府上一片欢声笑语。原来是黎雄才伉俪应香港中旅的邀请访问香港，两人在端午的风雨中敲响了老朋友赵少昂家的大门。

难得黎老到访，赵少昂心生喜悦，连忙招呼老朋友在岭南艺苑的几个学生面前示范作画。

黎雄才大声笑道：“赵生，好精神啊，我也来学习学习。”于是，右手执笔蘸墨，在宣纸上左右挥洒，很快一幅《野趣》小品便大功告成。

赵少昂含笑点头称好，对学生们说：“作品你们拿去好好临摹，多向黎老学习。”

黎雄才兴致正浓，拿起笔又作了一幅花鸟作品，题为“春风得意”。对赵少昂说：“此番到港见到赵老，心里实在高兴，此画乃是我的心声啊。”

赵少昂乐得哈哈大笑：“有朋自远方来，不亦乐乎。你今天是风雨故人来，我更高兴。”

黎雄才也笑了，看着腿脚有点不便的赵少昂，关切地问道：“这是怎么回事？”

赵少昂感慨而言：“唉，人老机器旧，端午节前不小心摔了一跤。”

说完，赵少昂上下打量了一下黎雄才，然后打趣地笑道：“你的气色倒不错，有返老还童的迹象啊。”

黎雄才做起老顽童的姿势，惹得众人都笑了起来。

老朋友相聚，除了把盏论画，闲话家常，也免不了追忆往昔岁月，期许未来。相聚时，欢声笑语；离别时，愁绪满肠。两位老人临别时，岭南画派元老陈树人昔日那句“但愿共健在”又成了对彼此的美好祝愿。

1992 年 12 月，杨善深从加拿大回港，适逢黎雄才和关山月从广州到访香港，三人约定在太子道赵少昂的寓所岭南艺苑内相聚。四位大师，晚年或如闲云野鹤，或在写生道路上踪迹不定，或是闭门独自冥想画事，如今能再次相聚，实属不易。

鹤发童颜的杨善深戴着黑边眼镜，套一袭灰袍长衫，颇有古韵。他望着眼前的三位老友，掐着指头估算片刻，然后故作深沉地说道：“你们猜猜，我算到了什么？”

大家都笑道：“老杨什么时候学会算命了？这指头掐得专业吗？”

杨善深哈哈笑言：“非也，我掐指一算，我们四个的年龄加起来总共 333 岁了呀，生生生，好兆头，我们几个老头够生猛的了。”

众人乐得哈哈大笑起来。

1994年赵少昂获香港大学颁授“荣誉文学博士”学位

笑罢，赵少昂说：“我们岭南四友，一直风雨同路，趁着这个机会，不如画一幅‘岁寒四友图’来庆贺吧。”

黎雄才点头称赞：“少昂兄这个提议不错！”

关山月已经站起来了，拍手道：“题为年方三百三十三如何？”

“哈哈，甚好！还是阿关朝气蓬勃啊，我们都要向他学习。”

四位大师在欢乐和谐的气氛中蘸笔写墨，互吐衷肠。岭南画派在四位大师的传承下发扬光大，影响范围日益扩大。无论是四人的艺术成就，还是彼此的深厚情谊，学生们皆以此为榜样。

赵少昂的学生欧豪年深得师承，将岭南画派的艺术传到了台湾并且发扬光大，成为门人当中的佼佼者。他曾为赵师作传写道：

“先生为人，胸怀洒脱，卓尔不群，平居恬淡不慕名利，自谓终生事艺，与世无争，因钤一印曰‘此生只愿作闲人’。其诲后学，以真以诚，余少日得列门墙，时蒙诲勉谓：‘一切皆幻，艺术有真；时乎不再，努力为人。’先生亦以此数语自置座右，有君子惕若之意存焉。”

晚年的赵少昂淡泊名利，一心向“蝉”，饮露自洁。他希望将自己的艺术作品捐赠给各个艺术博物馆，艺术的传播是他毕生的心愿，也是他多年来身体力行的一件头等大事。

1992年5月，88岁高龄的赵少昂开始着手准备作品捐赠的事宜。他先是致信香港大学的校长王赓武，阐明捐赠作品的初衷与意愿，提出将自己的十幅作品捐给学校的冯平山博物馆。香港大学欣然接纳，盛赞其无私奉献、积极传播艺术的精神，并于1994年为大师颁授了“荣誉文学博士”学位，嘉奖他为香港文化艺术做出的杰出贡献。

1993年，赵少昂又挑选了80幅作品，捐给位于美国三藩市的亚洲艺术博物馆。为了能让更多人有机会了解赵少昂的艺术，该博物馆特意设立“赵少昂画廊”，举办赵少昂作品捐赠仪式及个人画展。就这样，赵少昂的作品又打开了外国人了解中国艺术的一扇窗。

1994 年 6 月，赵少昂向正在筹建中的香港文化博物馆捐赠作品。香港文化博物馆在 2000 年 12 月 17 日正式对外开放，这座综合性的博物馆，内容涵盖历史、艺术及文化各范畴，设计采用中国传统的四合院布局，并糅合现代建筑技巧，极具特色。赵少昂捐赠的这批作品，被文化博物馆列为收藏珍品。博物馆还专门开辟了“赵少昂艺术馆”，用以展出赵少昂的代表作、手稿等。

在赵少昂艺术馆内，可以看到大师捐赠的 50 幅作品，大师的艺术种子在此得以生根发芽。其中有一幅 1969 年作的《霜光素羽》特别值得注意，画中的白孔雀令人联想到获比利时万国博览会金奖的《白孔雀》，它们是赵少昂对自我艺术美感的很好诠释。《霜光素羽》里金灿灿的果叶前，一只高洁的白孔雀仿佛在回眸一笑，款款而下。同样作于 1969 年的《迷蒙月色满横塘》则是另一番景象。它似是看透生命的荣枯，又自有一番野趣在，画面清而不冷，充满说不清道不尽的诗意。

《蝉与我心清》是大师晚年的作品，也是大师一生的写照，竹节上趴着高洁的蝉，右边是赵氏的狂放草书，在这幅画中可读到大师为人的品格和高洁的精神。

旅居香港的赵少昂，除了在香港和国外广泛撒播艺术种子和捐赠作品，还特别支持家乡广州文化艺术的发展。1994 年 11 月，时任广州市政协主席的邬梦兆和副秘书长何邦泰等人前往香港出席由广州市政协诗书画室、广州美术馆和陈树人纪念馆联合举办的“陈树人先生画展”。众人在港期间，一心希望能拜访赵少昂大师。在赵少昂的高足梁洁华和陈树人的后人陈定中、陈静芬的引荐下，邬梦兆、何邦泰和广州美术馆的馆长卢延光一起前往拜会。年老的赵少昂热情地接待了从家乡来的朋友们，交流艺术、闲话家常之余，还关切地询问起家乡文化艺术事业的发展情况。

邬梦兆主席向大师介绍了筹建广州艺术博物院的情况并咨询大师的意见。他还将自己此行的一桩心愿吐露了出来："赵老，广州市政府正拟重新选址兴建广州艺术博物院，主要以收藏岭南地区的书画作品为重点。建成后将是华南地区大型的艺术博物院，集收藏、研究、陈列、展览、教育、交流和休闲为一体。"

轮椅上的赵少昂留心倾听，点头微笑道："邬主席，这对推广岭南地区的艺术发展很有好处，是件天大的喜事啊！"

邬梦兆接着诚恳地说道："赵老，您作为岭南画派的杰出代表，作品风格鲜明，在华南地区有着广泛的影响，是推广岭南画派艺术的首选。为了能让更多人了解岭南画派的精神和艺术，广州艺术博物院拟建立一个您个人的艺术专馆。为了丰富馆内藏品，希望赵老您能考虑向本馆捐赠一些作品。"

"感谢大家的爱护与尊重，我很乐意捐赠个人的画作，只是我何德何能，受此殊荣，呵呵。"

邬梦兆主席说道："赵老实在过谦了，我们代表广州市的人民前来，真心希望能通过您的作品来推广岭南画派的艺术。"

"我是广州市（番禺）人，见到家乡的文化事业能有如此良好的发展，也希望能有机会尽力。"讲起家乡，谈到艺术，高龄的赵少昂一点疲态都没有。除了捐赠个人作品，心思缜密的他还考虑到展厅的布局，于是建议邬梦兆："邬主席，不如我将岭南艺苑内的一些旧笔墨纸砚，还有画桌家具等也捐出来吧，放在艺术馆内作为一个陈列，观众参观时可有更直观的感受。"

"赵老，这个主意太好了！这样您的专人艺术馆就更完美了。"

就这样，赵少昂作品捐赠的事宜在大家的热切讨论中初步定下，并于 1995 年 4 月拉开序幕。在赵少昂的儿女赵之幹、赵之泰、赵汉屏等人的协助下，广州美邬梦兆（左三）在赵少昂学生梁洁华（右二）的引荐下，促成赵少昂（左一）向广州艺术博物院捐赠书画。

术馆的专员开始了首批捐赠作品的运送事项。这次捐赠的作品有国画 114 件、书法作品 6 件，共计 120 件。它们都是获得广泛赞誉、有着极高艺术水平的作品，也是大师历年的心血结晶。这也是赵少昂第一次捐赠如此大数量的精美作品，可见大师对广州市艺术事业的支持力度。

1995 年 6 月 8 日，广州市委、市政府、市政协的主要领导为感谢赵少昂大师对广州文化艺术事业的支持和贡献，特意前往香港拜访赵少昂，并在香港丽晶酒店举办了一场隆重的捐赠作品答谢会。年届 91 岁高龄的国画大师赵少昂内心无比喜悦，虽然已行动不便，却还是坐上轮椅，盛装出席了答谢会，受到在场嘉宾的热烈欢迎和祝贺。

促成此美事的邬梦兆主席有感而发，在答谢会上向众人讲述了作品捐赠事宜的始末，对赵少昂大师和相关人士表示了衷心的感谢，还高度赞扬了赵少昂的艺术善举。邬梦兆代表广州市政协向赵少昂颁发了广州艺术博物院收藏证书，并赠送赵少昂大师一柄玉石宝剑作为捐赠的纪念。时任新华社香港分社副社长的张浚生，以及广州市政协副秘书长何邦泰、广州市文化局局长曾石龙，赵少昂的子女赵之幹、赵之泰、赵汉屏等都出席了答谢会。大家围聚在赵少昂身边欣然合照，珍贵的一瞬被定格成为历史。

香港的答谢会举办后两个月，为配合广州艺术博物院的奠基典礼，广州市政协和广州美术馆同期举办“赵少昂先生捐赠书画展”，展出了赵少昂的部分捐赠作品。

赵少昂的艺术贡献引起了广州市人民政府的高度重视。1996 年 6 月 22 日，市政府在广州市花园酒店国际会议中心举行了第八批“广州市荣誉市民”的颁奖大会。赵少昂获得了“广州市荣誉市民”的称号。在表彰大会上，时任广州市市长的黎子流、市人大常委会主任黄伟宁向赵少昂的代表赵之幹先生颁发“广州市荣誉市民”证书，表彰赵少昂对广州市文化艺术事业做出的杰出贡献。

“赵少昂先生，92 岁，祖籍广东番禺，香港著名画家，岭南画派艺术大师。赵先生一直关心着岭南画派的发展和祖国的繁荣昌盛，1994 年 12 月，他得知广州市筹建广州艺术博物院，毅然决定将自己的毕生画作无偿捐献给广州市政府。1995 年 3 月，赵先生已将 120 幅书画转交筹建中的广州艺术博物院。这一大批艺术珍品确为无价之宝，不但使广州艺术博物院倍添光彩，而且对岭南画坛以至于中华文库艺苑也是一份极为丰厚宝贵的财富，对于广州市的精神文明建设和培养一代新人将发挥重要的作用。”广州市政府领导热情地赞扬了赵少昂这位荣誉市民的爱国情怀，肯定其对艺术的无私奉献。

同年 10 月份，《广州艺术博物院藏画 · 赵少昂画集》由广东新世纪出版社出版。在画集的首发仪式上，时任广州市委副书记的邬梦兆代表市政府领导机关和广州市文化局，把《广州艺术博物院藏画 · 赵少昂画集》赠送给广州美术学院和其他大专院校的图书馆收藏，赵少昂一生致力美学教育和艺术传播的信念也由此得到更广的传播。

1998 年，香港艺术发展局将“视艺终身成就奖”授予赵少昂，以表彰他多年来为香港艺术发展所做的贡献。自 1948 年从广州移居香港，赵少昂一直活跃于香港文化艺术界。他通过个人的艺术创作，努力促进中国画在香港的发展，在海外各地展出书画作品，反响良好，既为香港争了光，也为中国画艺术传播尽了个人的力量。

1998 年 1 月 28 日，农历大年初一的早上 7 时 50 分，岭南画派大师赵少昂在香港圣德肋撒医院病逝，享年 94 岁。8 月 24 日，他的骨灰被运回广州，下葬在中华永久墓园，落叶归根。

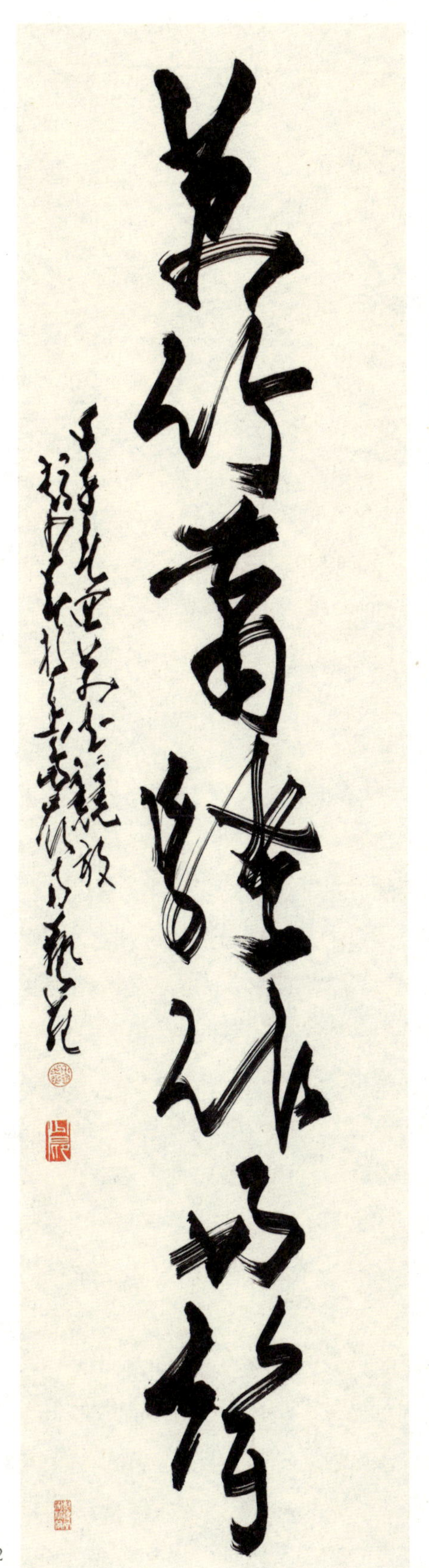

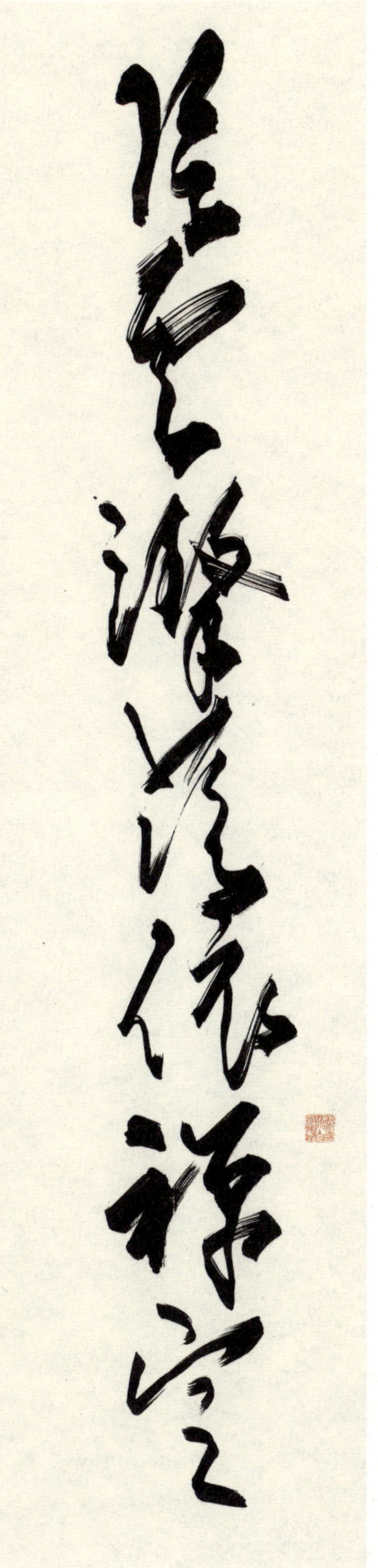

对联
1984 年
133.5 cm×33 cm×2

此生只愿作闲人，独往萧然自在身；
不似世间多梦幻，梅花修到绝纤尘。

赵少昂的这首诗如空谷回音，清亮而高远。“质本洁来还洁去”，如今大师已化作一股青烟，向着仙境飘去，给后人留下的却是一笔丰厚的文化艺术遗产。

这份文化艺术遗产之丰厚，可以从赵少昂留下的艺术作品窥见一二。他生前曾分别向香港艺术馆、香港大学、香港中文大学、香港文化博物馆、美国三藩市亚洲艺术博物馆、广州艺术博物院等机构捐赠自己多年来所创作的大量书画精品。后来，大师的家属又陆续将剩余的作品捐赠给广东美术馆、番禺博物馆和番禺宝墨园等机构。如今，香港文化博物馆、广州艺术博物院、美国三藩市亚洲艺术博物馆以及番禺宝墨园内均设有赵少昂艺术馆，定期或长期陈列其作品。这些传世的作品有着赵少昂鲜明的艺术风格，为岭南画派留下了丰富的财富。据赵少昂的外孙周悦的不完全统计，赵少昂生前在海内外举办的画展不少于 70 次，作品参展更是难以计数，出版画册共约 50 集（辑）。其中，1988 年在台北出版的赵少昂专著《实用绘画学》，内有数十种花卉和植物的写法步骤，文字说明详尽，图文并茂，是不可多得的绘画教科书。1994 年出版的线装本《赵少昂自写诗》，内有赵少昂先生历年所作的自写诗近 200 首。

这份文化艺术遗产还应包括赵少昂的立世为人之道。后人眼中的赵少昂不但重孝道，尊师德，还为人谦和，处事认真。现实生活中，赵少昂喜欢凡事亲力亲为，小到写贺卡，回复信件，绝无假手他人之意。他一生平等待人，熟知他的人，从学生师友到茶楼伙计都觉得他亲切和善，毫无架子。

还有更重要的一项是，他继承了高奇峰的美育精神，创办岭南艺苑，长期致

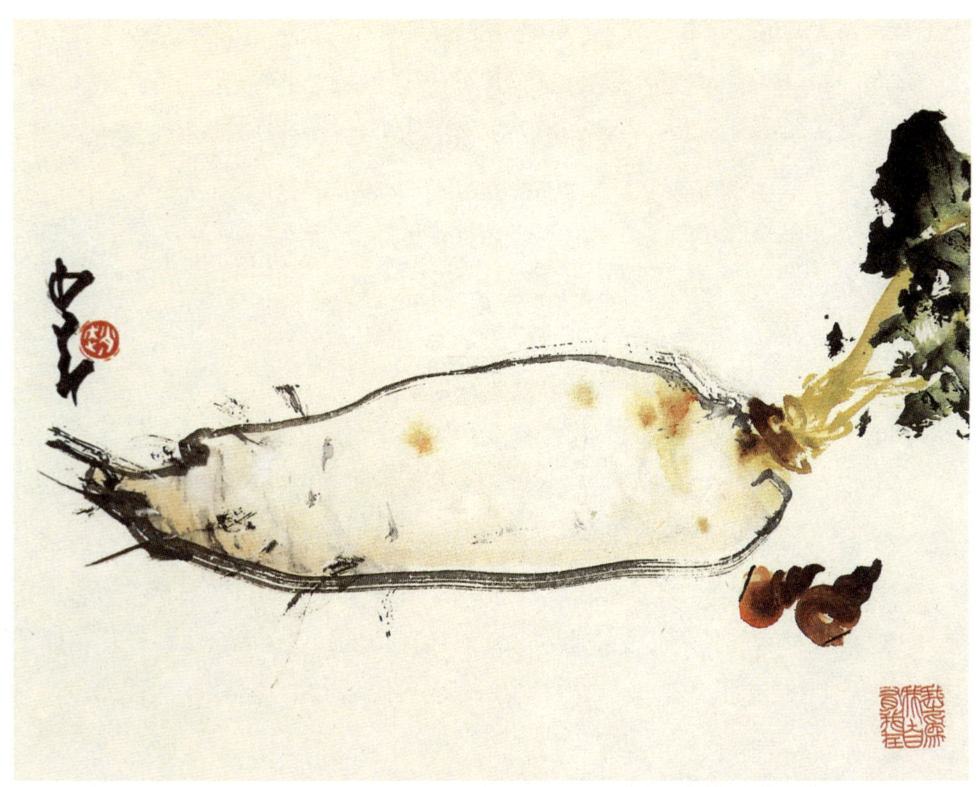

萝卜、螺丝 年份不详 30 cm×37.5 cm

力教育，诲人不倦，培养了大批的岭南艺术继承者和追随者。

谦和的赵少昂抱着“此生只愿作闲人”的信念，一生与世无争，专注艺术，其艺术成就和艺术影响令人无法忽视。这位岭南画派巨匠生前所获荣衔主要有：

1930 年，画作《白孔雀》荣获比利时万国博览会金奖；

1972 年，被台北“中华学术院”聘为哲士；

1980 年，英女王伊丽莎白二世授予 M.B.E. 勋衔；

1987 年，获“广东省鲁迅文艺奖”特别奖；

1991 年，香港艺术家联盟授予“艺术成就奖”；

1994 年，获香港大学颁授“荣誉文学博士”学位；

1996 年，广州市人民政府授予“广州市荣誉市民”称号；

1998 年，香港艺术发展局授予“视艺终身成就奖”。

岭南画派一代巨匠赵少昂能获得如此众多的殊荣，既来自他对艺术的执着和努力追求，又源自他那一心专注艺术、淡泊名利的境界。他的一生，充分印证了他的这一座右铭：“一切皆幻，艺术有真；时乎不再，努力为人。”

附一/ 艺术年表

1905 年

3 月 6 日（农历二月初一），生于广东省广州市。

1920 年

从高奇峰游，学艺于“高奇峰私立美学馆”。

1929 年

参加上海教育部举办的第一次全国美术展览会。

1930 年

参加“比利时万国博览会”获金奖。在广州创办“岭南艺苑”。

1932 年

在莫斯科、巴黎、柏林参加“中国艺术展览”。

1933 年

作品参加杭州“中日联展”。在广州国民花园举办三次个人画展。从黄祝蕖学诗。

1934 年

北游。在南京、天津、北平举行个展。就教席于“国立法科学院”。

1936 年

《蝉嫣集》出版。

1937 年

任广州市立美术学校中国画系主任。移居香港。参加南京教育部举办的“第二次全国美术展览”。

1939 年

在香港举办师生展。在新西兰举办个展。在里斯本举办个展。

1940 年

《少昂画集》出版。

1942 年

在广西柳州举办个展。广西省教育厅在桂林为其举办个展；广东省教育厅在曲江为其举办个展；贵州省政府在贵阳为其举办个展。

1943 年

在重庆举办个展。受聘为国立艺术专科学校国画科教授。参加国民政府教育部举办的第三次全国美术展览会。

1948 年

被广州大学聘为美术科教授。移居香港，在香港复设“岭南艺苑”。

1949 年

与杨善深、韩穗轩在香港举办“书画扇面展”。与容漱石、何漆园、周一峰、黄君璧、叶少秉等联合举办“高奇峰逝世十六周年纪念画展”。

1950 年

先后在美国和香港地区举办个人画展。与高剑父、杨善深、赖汉等在美国纽约中华会馆举办联合画展。

1951 年

应“朝日新闻社”之请到日本东京举行画展。《赵少昂近作集》(第一辑、第二辑)出版。

1952 年

南游。在新加坡、吉隆坡、怡保、庇能举行个展。

1953 年

访欧洲。在瑞士洛桑市华乐顿美术馆、英国伦敦玛尔勃罗美术馆、利兹大学、曼彻斯特展出作品。

1954 年

在法国巴黎、意大利罗马等地展出作品。

1955 年

作品参加“第一届香港艺术节展览”。

1957 年

作品参加台北“岭南画家作品联展”。《少昂画集》第十辑出版。创作《蜀江水碧蜀山青》等。

1959 年

《少昂画集》第十一辑、第十二辑出版。

1962 年

作品展出于美国斯坦福大学、北加路连那州坤士保路市委特士宾美术馆。在香港大会堂举行个展。《少昂画集》第十三辑、第十四辑出版。

1963 年

作品展出于美国北加路连那州云斯顿西林区百年卫里堂、加拿大维多利亚西贝士柏士堡纽约州立大学美术馆、美国那不士加州林肯市所敦纪念美术馆。《少昂画集》第十五辑出版。

1965 年

作品展出于美国威斯康星州米戈其市史卓主教学院、马里兰州乐维尔市孟甘穆利省立博物馆、英国伦敦泰特现代美术馆、西德依桑市科赛博物馆及纽堡加翰士美术馆。参加伦敦泰特现代美术馆举办的全世界绘鸟名家画展。

1967 年

作品展出于澳洲悉尼市战争纪念美术馆。参加伦敦泰特现代美术馆举办的世界绘走兽名家画展。作品展出于西德汉堡。

1969 年

在美国纽约州牙买加市圣约翰大学及明尼苏达州圣朋乃德大学举办画展。《少昂画集》第十六辑、第十七辑出版。

1971 年

作品展出于美国弗吉尼亚大学佐治美臣学院、加拿大英属哥伦比亚省维多利亚美术馆、美国弗吉尼亚州华盛顿与李大学。《少昂画集》第十八辑、第十九辑出版。

1972 年

参加伦敦泰特现代美术馆举办的全世界绘鸟名家画展。参加亚细亚现代美术展。被台北“中华学术院”聘为哲士。

1973 年

参加亚细亚现代美术展。《少昂画集》第二十辑出版。

1979 年

香港艺术馆为其举办个展，并出版画集。

1980 年

在台北“国立历史博物馆”举办个展。《赵少昂画集》在台北出版。荣获英女王伊丽莎白二世颁赠 M.B.E. 勋衔。

1982 年

中国美术家协会为其在北京中国美术馆主办个展。

1983 年

香港大学冯平山博物馆举办赵少昂、黎雄才、关山月、杨善深四人合作画展，并出版画集。

1984 年

《赵少昂小品选集》在北京出版。

1985 年

在菲律宾马尼拉市大都会博物馆举办个展。在台北“国立历史博物馆”举办个展。《赵少昂画集》及《赵少昂小品选辑》在台北出版。《赵少昂画集》在北京出版。

1986 年

中国美术家协会广东分会和广东画院为其主办个展。荣获英女王伊丽莎白二世于港督府接见。《荣宝斋画谱十五 · 花鸟草虫部分（赵少昂）》在北京出版。

1987 年

在新加坡国家博物馆举办个展。先后在广州、北京举办“赵少昂、黎雄才、关山月、杨善深合作画展”，该画展获“广东省鲁迅文艺奖”特别奖。由广东岭南美术出版社出版《赵少昂、黎雄才、关山月、杨善深合作画选》。

1988 年

在加拿大域多利美术馆举办个展。《赵少昂 · 岭南画派大师》在德国出版。《实用绘画学》在台湾出版。

1989 年

作品在德国巡回展出，分别由法兰克福的 Kunstandwerk 博物馆、巴文的 Übersee 博物馆、岂特咸的 Romer 博物馆、史纳的 Stadt Ettlingen 博物馆、哥廷根的 Kunstlerhaus 博物馆五个博物馆主办。

1990 年

香港区域市政局在沙田大会堂为其举办个展，并出版《赵少昂教授书画集》。

1991 年

获香港艺术家联盟颁发“艺术成就奖”。《赵少昂自写诗》在台湾出版。

1992 年

广州岭南画派纪念馆举办“赵少昂小品精选画展”。《赵少昂小品精选》在广州出版。《赵少昂书画集》（陈岳钦藏）在新加坡出版。

1993 年

《赵少昂书画集精品》在香港出版。美国三藩市亚洲艺术博物馆赵少昂画廊开幕，并举办赠画个展。

1994 年

获香港大学颁授荣誉文学博士学位。《赵少昂自写诗》（线装本）出版。

1995 年

香港区域市政局为其在沙田大会堂举办赠画个展。在广州美术馆举办赠画个展。《造化入笔端——赵少昂绘画及写生选》出版。

1996 年

《赵少昂书画精粹》在新加坡出版。《广州艺术博物院藏画·赵少昂画集》（苏小华编）由新世纪出版社出版。获广州市人民政府授予“广州市荣誉市民”称号。

1997 年

在美国圣弗朗西斯科（旧金山）亚洲艺术博物馆举办“赵少昂教授捐赠作品展”，并出版《蝉嫣室·赵少昂名作》。美国圣弗朗西斯科议会将本年 4 月 9 日定为“圣弗朗西斯科赵少昂教授日”。

1998 年

获香港艺术发展局授予“视艺终身成就奖”。1 月 28 日（农历正月初一）在香港病逝。

（来源：广州艺术博物院）

附二/ 参考资料

1. 陈滢：《花到岭南无月令：居巢居廉及其乡土绘画》，上海古籍出版社，2010 年。

2. 陈兵：《岭南画派创作的革新特征及其艺术影响》，载《艺术百家》2010 年第 7 期。

3. 崔广晓：《民国时期教育部第二次全国美术展览会新国画展品成果显豁之缘由考》，载《艺术百家》2011 年第 4 期。

4. 何凤莲：《心匠的笔墨——浅说赵少昂的艺术》，载《收藏家》2006 年第 8 期。

5. 黄大德：《“天风七子”考》，载《美术学报》2012 年第 3 期。

6. 黄独峰：《岭南画派画家赵少昂先生》，载《美术》1982 年第 4 期。

7. 黄鸿仪：《岭南画派》，吉林美术出版社，2003 年。

8. 梁凤莲：《墨彩人生：赵少昂传》，海风出版社，2005 年。

9. 卢延光、韦承红：《岭南画派大相册》，岭南美术出版社，2007 年。

10. 邵昌：《谈谈中国画小品的创作》，引自作者的新浪博客：http://blog.sina.com.cn/s/blog_61b8838d0100ew9b.html。

11. 苏小华主编：《赵少昂画集》，新世纪出版社，1996 年。

12. 王坚：《认识岭南画派》，载《粤画史论丛稿》，广州出版社，2008 年。

13. 王坚：《炉火纯青的境界，雅俗共赏之高峰——试论岭南画派大师赵少昂先生的品格与花鸟画艺术》，载《粤画史论丛稿》，广州出版社，2008 年。

14. 顾丞峰主编，韦承红著：《岭南画派——中国现代绘画的变革者》，辽宁美术出版社，2003 年。

15. 翁泽文：《岭南四家艺术略论》，引自广州艺术博物院网站：http://www.gzam.com.cn/sitecn/yjlw/4145.html。

16. 阮荣春、胡光华：《中华民国美术史（1911—1949）》，四川美术出版社，1992 年。

17. 周悦主编：《赵少昂画集：纪念赵少昂先生诞辰 105 周年》，岭南美术出版社，2011 年。

18. 张公者：《岭南一脉有薪传——欧豪年访谈》，载《中国书画》2009 年第 2 期。

19. 朱琦：《香港美术史》，四川美术出版社，2007 年。

20. 朱万章：《近代岭南画史上的天风七子》，载《收藏家》2008 年第 5 期。

21. 朱万章：《岭南画派的创立与传承》，载《艺术市场》2005 年第 1 期。